오늘도, 마음챙김

감정의 파도를 넘어
내면을 확장하는 실천 명상

오늘도, 마음챙김

명상과 마음챙김, 그리고 의식의 확장까지

무화 이응욱

책과나무

프롤로그: 감정과 친구 되기

우리는 삶 속에서 수많은 고난과 감정적 동요를 마주하게 된다. 잠시 기쁨과 행복을 느끼기도 하지만, 불안, 두려움 등의 감정은 삶의 바탕에 깔린 채 중력처럼 우리를 아래로 당기는 듯하다.

이러한 인간의 고통은 삶에 내재된 조건처럼 보이기도 한다. 조그마한 인생이란 배가 안전한 어머니의 자궁 같은 항구를 떠나 망망대해를 떠다니다, 때로는 가야 할 방향을 잃기도 하고, 때로는 폭풍우를 만나기도 하듯이.

삶의 목적이 단지 원하는 것을 이루는 데 있지 않을지도 모른다. 서핑 선수가 파도를 타듯, 살아가며 마주할 감정의 파도를 익히며 하나가 되어 가는 여정, 그것이 삶일지도 모른다.

불안한 시기를 보내던 20대 어느 날, 우연히 명상 중 깊은 내적 체험을 했다. 그날도 명상을 하며 내면에 집중하고 있을 때, 갑자기 어떤 힘에 이끌려 내 존재의 중심으로 빨려 들어갔고, 그 중심에 이르자 말로 표현할 수 없는 빛과 마주하게 되었다.

그 빛은 태양처럼 찬란하게 빛나고 있었고, 그것이 내 존재의 '본질'이라는 것을 직관적으로 알 수 있었다. 그 빛을 보자, 그동안 위태롭고 불안한 '나'라 여기던 모습, 그러니까 실체가 아닌 모든 어둠이, 캄캄한 방에 불이 켜지듯 한순간에 사라져 버렸다.

그때 웃음이 터져 나왔다. 나의 본모습은 이미 태양과 같은 밝은 빛을 내고 있는데, 잠시 태양을 가리는 구름을 '나'인 것으로 착각한 지금까지의 삶이 너무나 우스꽝스럽게 느껴졌기 때문이다.

그 경험은 너무나 강렬했기에, 그 빛의 근원이 무엇인지 궁금했고, 그것을 탐구하는 여정을 시작하게 되었다. 시간이 지나면서 내면의 빛은 점차 희미해져 갔고, 지금은 기억 속에 아련히 남아 있을 뿐이지만, 그때의 감각은 여전히 조용히 내 삶의 방향을 비추고 있다.

하지만 우리의 본질이 일상에서 감정과 어떤 방식으로 상호 작용하는지는, 시간이 많이 흐른 뒤에야 비로소 조금씩 이해되기 시작했다.

이 책은 필자가 그동안 삶의 크고 작은 시행착오를 겪으며 체득한 내용을 바탕으로 기획되었다. 이 책이 우리의 본질과 감정이 어떻게 만나는지를 함께 살펴보고, 감정이란 파도 위에서 균형을 잡아가는 데 조금이나마 도움이 되었으면 한다. 그리고 본성과 자아와의 관계를 이해하고 그것의 조율을 이루는 데 도움이 된다면 더없이 기쁠 것이다.

2025년 겨울

무화 이응욱

CONTENTS

1장

감정의 파도
이해하기

1

부정적 감정은
어디서 오는가?

"당신이 느끼는 감정은 잘못된 것이 아니다.
잘못된 것은 그 감정을 피하려는 당신의 방식일 수 있다."

−존 카밧진−

몸에 깃든 두려움

코로나 팬데믹 시기, 인생 후반을 하고 싶은 일을 하며 보내고자 사업을 정리했다. 책임감에서 벗어나면 자유롭고 가벼워질 거라 기대했지만, 예상과 달리 익숙지 않은 두려움이 몰려왔다. 막상 일을 그만두니, 그것에 가치를 두고 살았던 나의 자아가 무능하고 초라하게 느껴졌다. '원하는 삶을 살 수 있을까?'라는 의심이 밀려와, 물에 빠진 아이처럼 허우적대며 안절부절못했다. 결국 두려움에서 도망칠 수 없음을 알게 되었다. 두려움이라는 손님이 찾아온 이상, 그것이 어디서 온 건지 마음속 깊이 들여다보기로 마음먹었다.

수행을 위해 알아본 공간은 팬데믹으로 운영이 중단된 상태였고, 결국 집에서 홀로 수행을 시작했다. 21일 동안 해 보기로 마음을 먹고, 바닥에 앉아 호흡과 몸의 감각에 집중하며 그저 조용히 내면을 바라보았다. 나중에야 이 수행이 '사념처 위빠사나'* 혹은 '묵조선'** 과 같은 방식임을 알게 되었다.

내면과 마주하자, 마치 오랫동안 청소를 하지 않아 곳곳에 먼지와 불필요한 물건들로 어질러진 방처럼, 감정적 부산물들로 가득 찬 것을 확인할 수 있었다. 그동안 알아차리지 못하고 위로받지 못한 과거의 상념들이, 막아 둔 뚜껑이 열리자 아우성치며 의식의 표면으로 흘러나왔다.

스쳐 가는 감정들을 한 장면 한 장면 바라보자, 차츰 내면이 정화되는 것을 느낄 수 있었다. 내면을 채우고 있던 불편한 감정들이 조금씩 가라앉으며, 마음이 서서히 맑아지기 시작했다. 부정적 감정들은 마치 양파 껍질처럼 겹겹이 쌓여 있었고, 하나하나 알아차리고 벗겨 낼수록 더 자유롭고 깊은 평화를 경험할 수 있었다. 마침내 두려움이 유한한 육체에 뿌리를 두고 있음을 자각하자, 그것은 실체가 아님을 깨닫게 되었고, 겨우내 얼어 있던 얼음이 봄볕에 스러

---

* 몸, 느낌, 마음, 법(현상)에 대한 관찰을 통해 마음을 비추는 전통적 불교 수행법.
** 생각을 멈추고 고요히 앉아 있는 선불교의 한 수행 방식.

지듯 두려움 또한 녹아 사라졌다.

그리고 알게 되었다. 그토록 찾고 있던 평화와 자유는, 언제나 내 안에 조용히 머물고 있었다는 것을. 사랑, 평화, 기쁨 같은 것들은 밖에서 찾아야 할 무언가가 아니라, 본래부터 존재의 중심에 자리하고 있었던 것이었다.

21일간 수행을 통해 다음 말의 의미를 이해하게 되었다.
"우리는 이미 가진 것을 찾기 위해 떠난다."[*]

감정 조절이 어려운 것은 '나'의 문제가 아닌 '뇌'의 문제

우리는 일상에서 불안, 질투, 죄책감, 두려움 같은 부정적인 감정과 기쁨, 행복, 사랑, 감사 같은 긍정적인 감정을 모두 경험하며 살아간다. 이 중 부정적인 감정은 피하거나 빨리 벗어나고 싶고, 긍정적인 감정은 오래 머물렀으면 하는 마음이 드는 건 자연스러운 일이다.

---

[*] 파울로 코엘료의 소설 『연금술사』의 메시지. 진정한 보물은 외부가 아니라 자기 내면에 있다는 의미.

진화의 관점에서 보면, 감정은 단지 개인적인 반응이 아니라 생존과 연결된 본능이다. 두려움은 포식자를 피하도록 해 주었고, 혐오는 위험한 음식이나 병원균으로부터 몸을 보호해 주었으며, 기쁨과 사랑 같은 감정은 공동체 안에서 서로를 돌보게 하고 관계를 이어 가게 만들었다.

지금 우리가 가진 뇌는 수십만 년 전 수렵과 채집을 하던 시기의 뇌 구조와 크게 다르지 않다. 그 시절 생존에 필요한 감정 반응과 뇌의 작동 방식은 오늘날에도 그대로 작용하고 있다. 삶의 환경은 빠르게 바뀌었지만, 뇌는 여전히 과거의 방식으로 세상을 해석하고 반응한다. 우리는 4차 산업 시대를 살고 있지만, 문제를 처리하는 방식은 여전히 원시적인 뇌 구조에 기대고 있는 셈이다.

산업혁명 이후 인류의 생활 방식은 크게 달라졌지만, 감정을 조절하는 뇌의 시스템은 그 변화의 속도를 따라가지 못하고 있다. 예를 들어, 원시인이 위협을 감지했을 때 자동으로 작동했던 반응을 '투쟁-도피 반응(Fight-or-Flight)'[*]이라 부른다. 이 반응은 지금도 우리 뇌 속에서 그대로 작동하고 있으며, 큰 위험뿐 아니라 사소한 스트레스에도 쉽게 활성화된다.

---

[*] 위협 자극에 반응해 싸우거나 도망치게 하는 자동화된 생리 반응 시스템. 아드레날린 분비, 심박수 증가 등으로 이어진다.

그 결과, 일상에서 벌어지는 작은 일들조차 뇌는 위협으로 받아들여 과도한 분노나 불안, 공포 반응으로 이어지는 경우가 많다. 이처럼 감정 조절이 어려운 건 의지나 성격의 문제가 아니라, 아직 진화적으로 적응하지 못한 뇌 구조의 한계 때문일 수 있다.

감정의 경보 시스템, 편도체

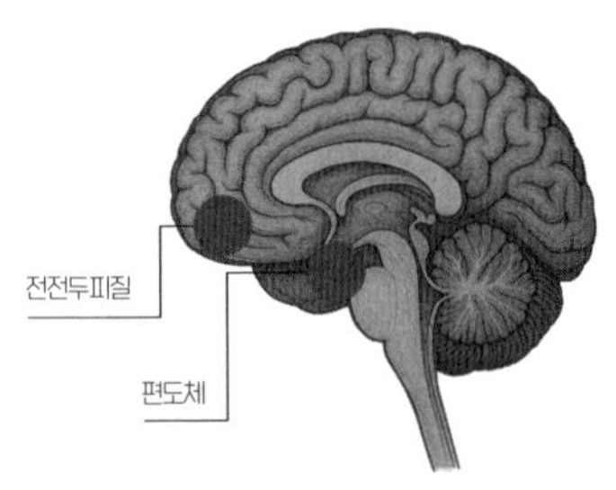

	스트레스반응	이완반응
뇌	편도체 활성화, 전전두피질 비활성화	편도체 안정화, 전전두피질 활성화
감정	화, 두려움, 공포, 불안, 짜증	차분함, 느긋함
정서	논리적·이성적 사고↓ 감정적·충동적	논리적·이성적 사고↑ 판단력·문제 해결력↑
몸	심박수·혈압↑ 근육 수축·긴장 소화·면역기능↓ 수면·성기능 장애	심박수·혈압↓ 근육 이완 소화·면역기능↑
행동	공격적	포용적
학습	집중력↓	집중력↑
자율신경계	교감신경 활성화	부교감신경 활성화
장기적 영향	만성 스트레스, 면역력↓	건강 증진, 면역력↑

조지프 르두(Joseph LeDoux)는 뇌의 전전두피질(Prefrontal Cortex)*과 편도체(Amygdala)** 사이의 관계를 밝힌 대표적인 미국 뇌과학자이다. 그의 연구에 따르면, 편도체는 감정의 경보 시스템으로 작동하며, 공포와 같은 강렬한 감정을 감지한다.

원시시대 우리 조상들은 자연환경과 맞서 싸워 가며 생존해야 했다. 원시인이 위협 자극을 감지하면, 편도체는 이를 감정적으로 '위험'으로 판단한다. 편도체는 시상하부 (Hypothalamus)***에 신호를 보내고, 시상하부는 곧바로 교감신경계****를 활성화시켜 신체적 반응을 유도한다. 이것을 스트레스반응 또는 투쟁-도피 반응이라고 부른다.

심박수와 혈압이 상승하고, 근육은 긴장되어 몸은 즉각 도망갈 준비를 한다. 생존 모드에서 몸은 심장, 폐, 근육 등 도망가거나 싸울 수 있는 기관에 에너지와 혈류를 집중시킨다. 반면, 소화, 면역, 생식 같은 생존에 직접적이지 않은 기능은 일시적으로 억제되는 '에너지 우선순위 재조정'이 이루어진다.

---

* 뇌의 앞쪽 부위로, 사고 · 판단 · 자기조절을 담당하는 고등 인지 영역.

** 감정을 빠르게 감지하고 반응하는 뇌 구조. 공포 · 불안 등 위협 감정에 관여.

*** 자율신경계와 호르몬을 조절하는 뇌의 중심 구조.

**** 위협 상황에서 심장 박동, 혈압 등을 높여 생존에 적합한 상태를 만드는 신경계.

편도체가 활성화되면 논리적, 이성적 정보를 처리하는 전전두피질이 동시에 비활성화된다. 그 결과 사고는 감정 중심으로 기울고, 이성과 통찰, 자기조절 기능이 약화되어 감정적 오판이나 충동적 행동으로 이어질 수 있다.

편도체를 안정화하고 전전두피질을 활성화하는 방법을 '이완반응(Relaxation Response)'[*]이라 부른다. 이것은 스트레스 상황에서 활성화되는 교감신경계와 반대로, 부교감신경계[**]가 작동하면서 몸과 마음이 안정되는 생리적 상태를 의미한다. 이완반응은 스트레스반응과 균형을 이루는 인체의 회복 시스템이며, 명상, 호흡, 마음챙김을 통해 활성화할 수 있다.

---

[*] 부교감신경계가 작동해 몸과 마음을 안정시키는 생리적 회복 반응. 스트레스반응의 반대 작용이다.

[**] 휴식·회복 시 신체를 이완시키고 에너지를 보존하는 자율신경계.

2

감정의 파도는
어떻게 밀려오는가?

"세상은 당신의 마음속에서 일어납니다.
당신이 바뀌면 세상이 바뀝니다."

-니사르가닷타 마하라지-

ABC 모델(Activating Event → Belief → Consequence):
'믿음과 해석'의 중요성

앨버트 엘리스(Albert Ellis)가 제시한 ABC 모델은 합리적 정서행동치료(REBT, Rational Emotive Behavior Therapy)의 핵심 이론으로, 인간의 정서적 반응이 사건 자체가 아니라, 그 사건에 대한 개인의 믿음과 해석에 의해 결정된다는 점을 설명한다.

예를 들어, 친구에게 문자를 보냈는데 몇 시간이 지나도 답장이 오지 않는다. 이때 '남들이 나를 무시한다'는 믿음을 가진 사람은,

그 믿음을 바탕으로 '친구도 나를 무시한다'는 해석을 하게 된다. 그 결과 분노나 우울감과 같은 부정적 감정을 겪게 된다. 반면, 보다 합리적인 믿음을 가진 사람이라면 '친구가 바쁜 상황일 수도 있다'고 생각하며, 크게 동요하지 않고 상황을 받아들일 수 있다.

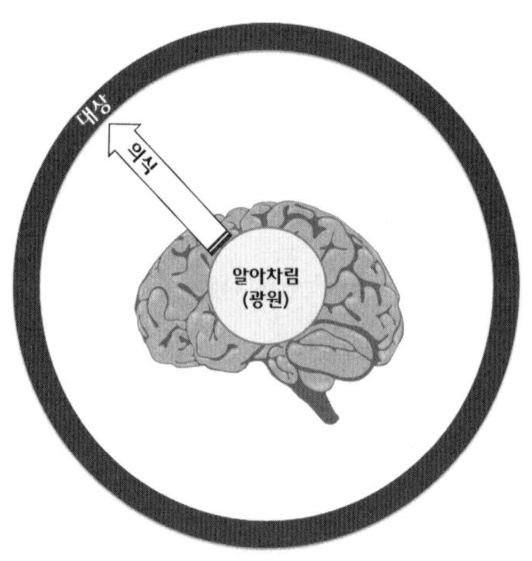

우리의 의식, 혹은 알아차림은 오감을 통해 외부 대상을 인식하고 정보를 받아들인다. 오감을 통해 들어온 정보는 뇌에서 처리되는 과정에서, 각자가 가진 과거의 기억이나 믿음, 관념에 따라 해석되고, 그에 따라 우리는 끊임없이 '좋다' 혹은 '나쁘다'와 같은 판단을 하게 된다.

이때 마음챙김은 ABC 모델의 B, 즉 '믿음과 해석'의 자리에서 개입할 수 있는 여지를 만들어 준다. 감정이 올라오는 순간, 그 반응 사이에 잠깐 멈춰 서서 스스로에게 묻는 것이다. '지금 이 감정은 어떤 믿음에서 비롯된 것일까?' 이 짧은 틈이 곧 반응과 자유 사이의 문이 된다.

무의식에 부정적인 믿음이 많을수록 세상을 부정적으로 해석하게 되고, 그 결과 더 많은 부정적 감정을 경험하게 된다. 이러한 현상을 '거울 효과'라고 부른다. 무의식 속 믿음은 세상을 있는 그대로가 아니라, 자신이 믿는 방식대로 비춰 보이게 만든다. 이것이 이 책이 다루고자 하는 핵심 주제 중 하나다.

마음챙김은 부정적 해석을 만들어 내는 자신의 믿음을 알아차리고 놓아주는 연습이다. 이는 내가 쓰고 있는 색안경을 자각하고, 그것의 농도를 점차 투명하게 하여 세상을 있는 그대로 바라보게 한다.

감정이 우리 몸에
미치는 영향

"부정적인 감정을 가질 때, 그것은 몸의 에너지를 방해합니다.
기쁨과 감사의 진동을 유지하면, 몸은 자연스럽게 치유됩니다."

– 파라마한사 요가난다 –

미국 국립과학아카데미(PNAS)에서 연구한 신체감정지도(Body Maps of Emotion)는 감정이 우리의 신체에 어떤 방식으로 영향을 미치는지를 시각적으로 보여 주었다. 연구팀은 다양한 감정이 신체의 어떤 부분에서 활성화되거나 억제되는지를 조사했는데, 이를 통해 감정과 신체 반응의 상관관계를 명확히 보여 주는 신체감정지도를 만들었다.

연구 결과, 각 감정은 신체의 특정 부위에서 고유한 반응 패턴을 나타냈으며, 핀란드, 스웨덴, 대만 참가자 모두 유사한 결과를 보여, 문화적 차이를 넘어서 감정과 신체 간의 보편적 연관성을 확인

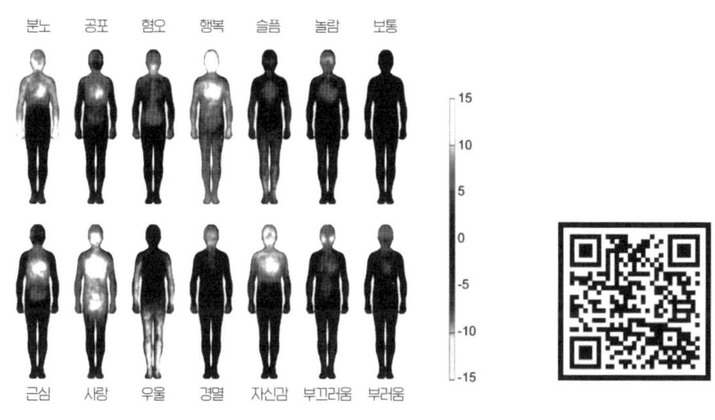

• 신체감정지도, 오른쪽 QR을 통해 상세 확인 가능 •

할 수 있었다.

　기본적인 감정별 반응을 보면, 공포·분노·불안 등의 감정은 흉부를 중심으로 강한 활성화 반응을 보였다. 이는 심박수와 혈압을 높여 투쟁-도피 반응을 유도하는 우리 몸의 생존 시스템을 보여 준다. 행복은 전신에 걸쳐 활력감을 증가시켰고, 반대로 슬픔과 우울은 팔다리의 체온을 떨어뜨려 기운이 빠지며 근력이 저하되는 반응으로 나타났다. 혐오 감정은 위장, 가슴, 목 부위에 영향을 주었는데, 이는 소화 기능을 억제하거나 가슴과 목에 긴장과 불쾌감을 유발하는 반응으로 나타났다.

　이러한 연구 결과는 우리의 몸이 곧 마음의 거울이자 창임을 다시금 일깨워 준다. 마음의 병은 몸에 축적되며, 근육 통증, 소화불량, 가슴 압박감, 만성 피로, 불면증 등 다양한 신체 증상으로 드러난다. 우리의 몸은 표현되지 못한 감정의 저장소이며, 이러한 신체적 불편함은 '이제 멈추고, 나를 바라봐 주세요.'라는 내면의 신호일 수 있다. 우리는 몸의 언어를 통해 감정의 존재를 자각하게 된다.

감정은 단지 마음에서 스쳐 가는 느낌이 아니라, 몸에 고스란히 남아 반응하는 에너지이다. 오랫동안 억압하고 외면해 왔던 감정을 알아차리고, 느껴 주고, 위로해 줄 때, 마음에서는 치유가 시작되고, 몸 또한 스스로 회복과 균형을 되찾는다.

마음챙김은 몸의 감각에 귀 기울이는 일이다. 고요히 앉아 호흡을 느끼고, 통증과 뻣뻣함, 미세한 떨림을 알아차릴 때, 그 속에 고여 있는 감정적 에너지가 흘러가기 시작한다. 몸을 들여다보는 일은 곧 감정을 돌보는 일이며, 이는 결국 몸과 마음을 동시에 회복하는 길로 이어진다.

4

감정을 대하는 세 가지 태도: 억누르기, 휘둘리기, 알아차리기

"감정을 억누르지도 말고, 그 감정이 당신을 휘두르게도 말고,
숨을 들이쉬며 그 감정과 함께 앉으세요."

—틱낫한 스님—

지금까지 부정적 감정이 일어나는 원인에 대해, 뇌의 진화적 구조, 편도체의 활성화, 해석의 오류 관점에서 살펴보았다. 그렇다면, 부정적 감정이 일어났을 때 우리는 어떻게 반응해야 할까?

억누르기

감정을 의식적으로 무시하거나 억누르는 방식이다. 엄격한 가정 환경에서 자란 경우, 자신의 감정을 표현하는 데 어려움을 겪는 경우가 많다. 분노, 슬픔, 불안 같은 감정은 몸에 신체적 · 생리적 반

응으로 저장되며, 만성적으로 억눌린 감정은 근육의 긴장과 통증, 소화기 장애, 면역력 저하, 호르몬 불균형, 수면 문제 등 다양한 건강 문제를 초래할 수 있다.

또한 감정은 마치 댐과 같아서, 일시적으로는 막을 수 있지만 오랫동안 억누르면 수용 한계를 넘어 폭발하게 된다. 군 생활 중 1년 넘게 나를 괴롭히던 선임이 있었다. 어느 날도 그는 자신의 스트레스를 나를 향해 분출하고 있었고, 더는 참을 수 없던 나는 숲으로 뛰쳐나가 억눌렀던 화를 소리치고 구르고 돌을 던지며 분출했다. 만약 그 순간, 그가 내 앞에 있었다면, 나는 스스로를 통제하지 못했을지도 모른다.

이처럼 흐르지 못하고 일시적으로 막은 감정들은 결국 폭발하고 만다. 그 폭발은 때로 예상치 못한 상황에서 터져 나와, 자신도 놀랄 만큼 격한 반응으로 이어질 수 있다. 그만큼 감정은 단순히 참는다고 사라지는 것이 아님을 알아야 한다. 내면 어딘가에 축적되어 일상에서 불편한 신호를 보낸다는 것을 늘 기억할 필요가 있다.

휘둘리기

감정에 즉각 반응하고 충동적으로 행동하는 방식이다. 감정을 억누르는 사람은 자신에게 상처를 주지만, 감정에 휘둘리는 사람은 타인에게 상처를 주기 쉽다.

억누르기가 감정을 안으로 감추는 것이라면, 휘둘리기는 감정을 밖으로 쏟아 내는 방식이다. 두 방식 모두 감정과의 건강한 관계를 맺지 못하게 한다는 점에서, 장기적으로는 내면의 안정감을 해칠 수 있다.

감정에 휘둘리는 이유는 자신의 감정이 어디서 비롯되었는지를 인식하지 못하거나, 감정 조절 능력이 부족하거나, 과거의 상처로 인해 과잉 반응을 보이기 때문이다. 이러한 반응은 인간관계에 부정적인 영향을 주고, 결국 자신의 행동에 대한 후회로 이어질 수 있다.

알아차리기

감정이 일어날 때, 그것을 억누르거나 휘둘리는 대신 있는 그대로 바라보고 수용하는 태도다. 화가 날 때 알아차리지 못하면, 감정은 곧바로 행동으로 이어진다. 그러나 '화가 났구나.'라고 알아차리는 순간, 감정과 자신 사이에 틈이 생기고, 그 틈 속에서 어떻게 반응할지를 선택할 수 있게 된다.

더 나아가 감정은 무의식 속 믿음이나 관념을 드러내는 통로와도 같다. 우리의 무의식은 대부분 의식 아래 잠겨 있다. 감정이 일어나는 순간, 보통 그 감정을 일으킨 외부 대상에 집중하지만, 내면을 향해 시선을 돌리면 그 감정의 뿌리를 찾아볼 수 있다. 감정을 유발한 무의식의 믿음이나 관념을 알아차리는 순간, 감정은 더 이상 그 힘을 유지하지 못하고 가볍게 사라진다. 그렇게 우리는 감정으로부터 한 걸음씩 자유로워질 수 있다.

이러한 알아차림은 한 번의 통찰로 완성되는 것이 아니라, 반복적인 연습과 자기 관찰을 통해 조금씩 길러지는 능력이다. 그래서 감정에 휘둘린 자신을 자책하기보다, 알아차림으로 다시 돌아오는 연습을 지속하길 추천한다.

감정을 대하는 세 가지 방식인 '억누르기', '휘둘리기', '알아차리기'는 각각 고유한 특징과 장단점을 지닌다. 이처럼 감정을 대하는 방식은 단순한 반응이 아니라, 삶의 방향을 바꾸는 내적 선택이다. 그 특징과 결과를 정리해 보면 다음과 같다.

구분	억누르기	휘둘리기	알아차리기
특징	감정을 무시	감정에 즉각 반응	감정을 관찰, 수용
장점	단기적 갈등 회피	솔직한 표현	건강한 감정 조절
단점	스트레스 누적	충동적 후회	연습이 필요
결과	정서적 압박	관계 문제	자기 이해, 성장

감정을 어떻게 대하느냐에 따라 전혀 다른 결과로 이어짐을 알 수 있다. 그중에서도 감정을 알아차리는 태도는 내면의 성장과 치유로 가는 여정의 시작과 끝이라고 할 수 있다.

5

감정은 왜 필요한가:
내면의 원동력

"감정 없는 삶은 회색빛이다.
감정은 삶에 색을 입힌다."

–칼 융–

지금까지는 감정의 부정적 측면을 살펴보았다. 그렇다면 부정적 감정은 우리에게 오로지 불필요한 장애물일까? 그 안에 긍정적 측면은 없을까?

영화 〈1987〉을 보고 난 후, 오랫동안 느껴 보지 못했던 분노와 정의감이 올라와 당황스러웠던 적이 있었다. 그 건강한 분노는 과거 봉건사회와 독재정권에서 개인의 인권이 존중받는 민주주의로 발전하도록 이끈 원동력이었음을 알 수 있었다. 1987년 6월 민주항쟁에서 약 500만 명 이상의 시민들이 시위에 참가하였고, 그 결과 6.29 선언을 이끌어 냈다. 그 이면에 작용한 힘이 '분노'였던 것이다. 개인에게 분노는 자신을 보호하고, 잘못된 행동을 바로잡도록 동기를 부여해 준다. 또한 사회적으로 분노는 불의에 대한 저항의 동력이 되어, 사회가 평등하고 공평한 방향으로 나아가도록 촉진하는 역할을 한다.

불안은 미래를 준비하라는 신호이자, 현재를 열심히 살라는 메시지로서 역할을 한다. 다가오는 시험을 게을리하고 있을 때, 막연히 미래가 불안한 것은 지금 있는 자리에서 '최선을 다하고 있지 않다'는 내면의 경고이기도 하다. 하는 일에 최선을 다하며 몰입할 때 불안이 잦아지는 경험을 누구나 해 보았을 것이다. 또한 불안은 우리를 깨어 있게 만들고, 안전하게 살도록 안내한다.

슬픔은 상실이나 좌절을 경험할 때 느끼는 자연스러운 감정이다. 슬픔을 경험하면서 우리는 타인의 고통을 더 깊이 이해하고 공감하게 된다. 이를 통해 유대감을 형성하고 사회적 관계를 강화한다. 나아가 슬픔 속에서 삶의 의미를 재발견하고 성장의 계기를 얻기도 한다. 칼 융(Carl Jung)은 "상처 입은 치유자(Wounded Healer)"라고 말했다. 이는 치유자가 자신의 내면의 상처와 마주한 경험을 통해 타인을 치유할 수 있다는 의미이다. 자신의 아픈 경험만큼 타인을 더 깊이 이해하고 배려할 수 있다는 뜻이기도 하다.

죄책감은 타인에게 피해를 준 행동을 반성하고 수정하게 한다.

그것은 내면의 도덕적 나침반 역할을 하여 같은 실수를 반복하지 않도록 하고, 관계를 회복하며, 우리가 더욱 성숙해지도록 이끈다. 우리가 죄책감을 느낄 수 있다는 것은 자신의 잘못을 인식할 수 있는 성숙함이 있다는 뜻이기도 하다.

다른 사람의 장점이나 성취, 소유물을 볼 때 우리는 부러움이나 질투를 느끼곤 한다. 학창 시절, 공부를 잘하는 친구를 보며 부러워했던 기억은 누구에게나 있을 것이다. 질투는 자아가 '나도 할 수 있어.'라고 말하는 내면의 목소리이며, 자신의 가능성을 일깨우는 신호다. 실제로 내가 전혀 할 수 없는 일에는 질투나 시기심이 잘 일어나지 않는다. 질투는 내가 진심으로 바라는 것이 무엇인지 알려 주고, 앞으로 나아갈 방향을 제시해 주는 감정이기도 하다. 질투를 잘 활용하면 내 삶을 더 나은 방향으로 이끄는 에너지로 전환할 수 있다.

"모든 감정은 나에게 무언가를 말해 주기 위해 찾아온 손님이다."라는 시구가 있다. 즉, 우리 내면의 어떤 것도 버릴 것이 없으며, 부정적으로 느껴지는 감정조차도 '나'를 이해하고 알아가도록 안내해 주는 손님인 셈이다. 그 손님이 찾아왔을 때, 무의식적으로 반응하는 태도에서 벗어나, 차분히 맞이하고 이야기에 귀 기울이면 내면의 치유와 성장이 시작된다.

6

Doing에서 Being으로:
행위에서 존재로 돌아가기

"당신이 지금 이 순간 안에 진정으로 들어간다면,
당신은 이미 찾고 있던 모든 것을 발견할 것입니다."

—에크하르트 톨레—

앞에서 감정을 다루는 방법 중 가장 좋은 것은 알아차리기임을 이해하였다. 그러나 그것이 결코 쉽지만은 않다는 것을 우리는 알고 있다. 너무나 오랫동안, 어쩌면 평생 동안 생각과 감정을 '나'와 동일시하며 살아왔기 때문이다. 그것들을 한 덩어리로 인식해 왔기에, 생각과 감정을 '나'와 분리하여 알아차리는 것이 처음에는 어려울 수밖에 없다.

삶을 대하는 우리의 태도는 크게 두 가지 양식으로 구분될 수 있다. 하나는 무의식적으로 반응하며 목표를 향해 끊임없이 움직이는 '행위양식(Doing Mode)', 또 다른 하나는 지금 이 순간을 온전히 살아 내는 '존재양식(Being Mode)'이다. 이 두 양식은 삶의 질과 내면의 평화에 커다란 차이를 만들어 낸다.

	행위양식(Doing Mode)	존재양식(Being Mode)
알아차림	무의식적으로 흘러가는 삶	깨어 있음 속에서 스스로 선택하는 삶
시간	과거에 매달리거나 미래에 머무르기	현재 순간에 완전히 머물기
몸	긴장, 차가움, 자동적인 반응	이완, 따듯함, 의식적 반응
마음	속박, 부족함, 초조함, 무의식	자유, 충만, 감사, 사랑, 알아차림
감정	감정의 분리	감정의 통합
불편함	피하거나 억누르기	주의를 기울이며 다가가기
상황	바뀌기를 바라기	현재를 저항 없이 맞이하기
경험	결과 지향적으로 행동하기	현재 경험의 가치를 존중하기
면역력	면역력↓ 질병 유전자 자극	면역력↑
건강	증상, 질병	치유
몸·마음	분리	통합
에너지		
주관	자아(에고)	본성(영혼)

행위양식

우리는 지금까지 명상이나 마음챙김을 하기 전에는 앞 표의 '행위양식'으로 살아왔다. 이때는 알아차림 없이 생각과 감정에 휘둘리는 '무의식적인 삶'을 살게 된다.

행위양식에서 우리의 마음은 구속, 결핍, 불안 등의 불편한 감정을 경험하게 된다. 이를 회피하기 위해 무의식적으로 스마트폰, 커피, TV, 친구, 일 등에 몰두하며 하루를 보내게 된다. 이런 삶의 패턴은 주의가 외부로 향한 상태를 고착시킨다.

에너지는 앞 그림에서와 같이 역삼각형 모양을 띠게 된다. 머리에 에너지가 몰려 생각이 많고, 두통이나 불면증이 동반될 수 있다. 이러한 상태는 에너지가 위쪽에만 머물며, 몸 전체의 균형 잡힌 흐름을 방해한다. 목과 어깨는 굳어 있고, 배에는 에너지가 부족해 소화불량이나 만성적인 피로감이 나타나기도 한다.

'지금 이 순간'에 존재하기보다는 과거를 곱씹거나 미래를 걱정하며 산다. 몸과 마음은 분리되어 있어, 몸은 긴장하고 마음은 불안하다. 마치 주인이 떠난 빈집에 잡초가 무성하고 쓰레기가 쌓이듯 우리의 내면도 불편한 감정과 에너지가 가득해진다. 몸은 점차 활력을 잃고, 마음은 어디로 가야 할지 몰라 헤매게 된다.

이 행위양식은 자아(에고)가 주관하며, 그것은 우리의 '생존과 안전'을 지키기 위해 끊임없이 통제하고 판단하려는 방식으로 작동한다. 자아는 늘 미래를 대비하거나 과거를 분석하며, 현재에 머무르기보다는 끊임없이 무엇인가를 해야 한다는 압박 속에 우리를 몰아넣는다. 이러한 상태가 계속되면, 만성적인 스트레스를 넘어 결국에는 증상이나 질병으로도 이어질 수 있다.

※ 행위양식의 특징

- 목표 지향적: 항상 다음 단계를 계획하고, 목표를 달성하기 위해 노력한다.
- 결과 중심: 과정보다는 결과를 중시하며, 성공과 실패를 명확히 구분한다.
- 시간 압박: 시간을 효율적으로 사용해야 한다는 압박감을 느낀다.
- 비교와 경쟁: 타인과의 비교를 통해 자신의 위치를 확인하려는 경향이 있다.

존재양식

우리가 명상이나 마음챙김을 해야 하는 이유는, '행위양식'의 삶의 패턴에서 '존재양식'으로 전환하기 위함이다. 이전까지 무의식적인 패턴에 따라 반응하던 삶에서 벗어나, 삶의 중심을 스스로 회복해 나가는 것이다.

존재양식에서는 '깨어 있음 속에서 선택하는 삶'을 살게 된다. 마음이 과거나 미래에 떠도는 시간이 줄어들며, 더 많은 시간을 '지금 이 순간'에 머물게 된다. 몸과 마음은 하나로 통합되고, 내면의 풍요, 감사함, 자유, 사랑을 더 깊이 경험하게 된다.

이때 우리의 에너지는 안정된 삼각형 구조를 띠게 된다. 머리는 맑고 고요해지며, 복부는 따뜻하고, 몸과 마음은 평온한 상태로 조화된다. 이는 한의학에서 말하는 '수승화강(水昇火降)', 즉 차가운 기운은 위로, 뜨거운 기운은 아래로 흐르는 자연스러운 에너지 순환 상태를 말한다. 이러한 균형 상태는 우리의 본성과 연결되어 면역력은 강화되고 마음의 회복력은 높아지며, 자연스럽게 치유가 일어난다. 존재양식은 우리 안에 이미 존재하는 본래의 고요함과 연결되는 방식이며, 내면의 성장과 자유로 향하는 길이다.

T.S. 엘리엇의 시에는 이런 구절이 있다.

그것을 찾기 위해 나갔지만, 돌아와 보니 항상 여기 있었다.

우리가 그토록 외부에서 찾아 헤매는 자유와 풍요, 사랑은 사실 본래부터 내면에 자리하고 있었다. 그것을 온전히 느끼고 사는 것이 바로 존재양식이다. 그러나 우리 대부분은 이 사실을 잊은 채, 끊임없이 외부에서 그것을 찾으며 살아간다. 자유, 풍요, 사랑을 외부에서 구하려는 이유는, 그것을 통해 내면 깊숙이 본래 존재하는 감정과 공명하려는 데 있을 것이다.

우리가 반려동물을 좋아하는 이유도 단순한 취향을 넘어, 우리 내면과의 공명 때문이다. 반려동물이 보여 주는 것은, 있는 그대로의 순수함과 지금 이 순간에 머무는 현존, 그리고 조건 없는 사랑과 신뢰이다. 이러한 상태가 곧 존재양식이며, 우리가 명상이나 마음 챙김을 통해 얻고자 하는 것을 반려동물은 이미 일상 속에서 보여 주고 있다.

지금 이 순간을 살아 내는 연습은 의지와 훈련을 필요로 하지만, 누구나 시작할 수 있는 실천이다. 존재양식으로 접속하는 구체적인 방법은 2장에서 다룰 예정이다.

※ 존재양식의 특징

- 현재 중심: 과거나 미래에 대한 고민보다는 현재 순간에 집중한다.
- 과정 중시: 결과보다는 과정 자체를 즐기고, 그 안에서 의미를 찾는다.
- 수용적 태도: 자신의 감정과 상황을 있는 그대로 받아들이려고 노력한다.
- 내적 평화: 외적인 성취보다는 내적인 안정과 조화를 추구한다.

7

감정의 순간,
자동반응에서 응답으로

"자극과 반응 사이에는 공간이 있다.
그 공간에는 우리의 반응을 선택할 자유와 힘이 있다."

−빅터 프랭클−

앞에서 다룬 ABC 모델을 다시 떠올려 보자. 사건 → 해석 → 결과의 과정에서, 우리는 '해석' 단계를 통해 과거의 경험과 믿음을 바탕으로 의미를 부여하고 결정을 내린다고 했다. 의식적인 응답은 과거로부터 얻은 지혜를 사용하는 것이고, 자동반응*은 지금도 잠재되어 있는 불편한 기억이나 트라우마의 영향 아래서 작동한다.

자동반응이 어떻게 작용하는지, 필자의 경험을 예로 들어 보자. 내면의 흐름에 이끌려 삶이 인도하는 대로 따라가다 보니 인연이 닿

---

* 과거의 기억이나 정서가 무의식적으로 현재 상황에 반응하게 만드는 즉각적 행동 패턴.

았고, 결국 명상센터를 개원하게 되었다. 처음부터 잘 운영되지는 않으리라 예상했음에도, 막상 현실에 부딪히자 불안감이 밀려왔다. 한동안 적자를 감수할 것을 예상하고 미리 운영자금도 준비해 두었지만, 운영이 생각보다 녹록지 않음을 체감하자, 불안은 예상보다 훨씬 더 크게 증폭되었다. 매일 밀려오는 불안을 다스리기 위해 명상에 더욱 의지해야 했다. 그러던 중, 그 불안이 현재 상황 때문이 아니라, 과거의 경험과 연결되어 있음을 알아차리게 되었다.

학창 시절, 학비와 생활비를 직접 벌어야 했던 어려운 환경과, 이후에도 여러 번 경제적으로 힘들었던 기억의 초조함과 불안함이 잠재의식 속에 남아 있다가, 현재의 환경으로 인해 다시 자극되어 의식 위로 떠오른 것이다.

그 사실을 알아차리고, 명상을 하며 치유되지 않은 과거의 불안한 자아를 위로하고 품어 주었다. 그러자 명상센터의 상황은 그대로였지만, 마음을 짓누르던 불안은 한층 가라앉았다.

일상 속에서 알아차림이 부족하면, 사소한 자극에도 과거의 기억이 현재의 감정 반응을 무의식적으로 증폭시킬 수 있다. 예를 들어 어떤 상황에서 짜증이 올라올 때, 과거에 유사한 경험과 관련된 불편한 감각이 함께 활성화되며, 그로 인해 감정의 강도가 커질 수 있다. 이러한 과정을 자각하지 못하면, 현재의 감정과 과거의 경험이 겹쳐지며, 실제보다 더 크고 과도한 반응으로 이어질 수 있다.

우리가 겪는 많은 감정적 불편함은 과거의 정서적 기억과 맞물려 무의식적으로 증폭되며, 이 기억들은 감정과 함께 몸과 무의식 속에 저장되기도 한다. 치유되지 않은 감정들은 반복적으로 현재의 삶에 영향을 미치고, 우리를 과거의 감정 패턴에 머물게 할 수 있다. 그 지배에서 벗어나기 위해서는 무의식에 남아 있는 과거의 감정을 알아차리고, 해방시켜 주는 일이 필요하다. 그 순간부터 비로소 우리는 자동반응이 아닌, '의식적인 응답'[*]을 선택할 수 있게 된다.

---

[*] 감정 자극과 반응 사이에서 자각을 통해 반응을 선택하는 능동적 행위.

1. 부정적 감정은 억눌린 과거의 기억이 몸과 마음에 남아 작용하는 것이다.

- 감정을 억누르거나 회피하지 않고 바라볼 때, 내면의 두려움은 점차 녹아내린다.
- 고요함과 자유는 본래 우리 안에 있었음을 명상 수행을 통해 발견하게 된다.

2. 감정은 사건 자체가 아니라, 그에 대한 해석과 믿음에서 비롯된 결과이다.

- 같은 상황도 내면의 믿음과 관점에 따라 전혀 다르게 반응하게 된다.
- 믿음을 돌아볼 때 감정은 변화하며, 그것이 마음챙김의 핵심 통찰이다.

3. 감정은 몸과 긴밀하게 연결되어 있어, 억압된 감정은 신체 증상으로 드러난다.

- 불안은 가슴을 조이고, 슬픔은 팔다리를 무겁게 하며, 분노는 심장을 두근거리게 만든다.

- 감정을 알아차리고 수용할 때, 몸도 자연스럽게 회복의 길로 들어선다.

4. 감정은 억누르지도, 휘둘리지도 않고 '알아차려야' 다스릴 수 있다.

- 억누르면 병이 되고, 휘둘리면 관계가 무너지지만, 바라보고 수용할 때 치유가 시작된다.
- 감정을 있는 그대로 알아차릴 수 있다면, 우리는 그 감정에 반응하지 않고 선택할 수 있다.

5. 감정은 우리 내면의 메시지이자 삶의 방향을 알려 주는 나침반이다.

- 분노는 정의를, 슬픔은 공감을, 불안은 준비를, 질투는 성장의 밑거름이 된다.
- 모든 감정은 나를 더 깊이 이해하고 성장시키기 위한 안내자이다.

6. 삶은 끊임없는 행위가 아니라, 존재로 돌아가는 여정이다.

- 행위에 갇히면 현재를 놓치고 긴장과 결핍이 쌓이지만, 존재는 지금 여기에 깨어 있는 것이다.
- 명상과 마음챙김은 존재의 중심으로 돌아가는 길이자, 진정한 자아와 연결되는 통로이다.

7. 감정은 과거의 기억에서 자동반응으로 일어나지만, 알아차림은 의식적 응답을 가능하게 한다.

- 현재의 감정은 과거의 기억과 무의식적으로 연결되어 증폭될 수 있다.
- 감정을 알아차릴 때, 과거의 그림자에서 벗어나 자유로운 선택이 가능해진다.

2장

지금 여기, 현존의 힘과 일상 명상

1

현존, 지금 여기:
최고의 '소확행'

"과거는 기억이고, 미래는 상상일 뿐이다.
진실한 것은 지금 이 순간뿐이다."

－라마나 마하르시－

우리는 모두 행복과 즐거움을 추구한다. 하지만 마음은 그것을 미래의 어느 시점에 두고, 현재는 단지 미래를 위한 '수단'으로만 여기는 경향이 있다. 앞으로 닥칠 일을 걱정하거나 계획하고, 무언가를 빨리 끝내려 하며, 현재로부터 도망가려 한다. 운전이나 보행 중 신호등이 바뀌길 조급해하고, 엘리베이터를 기다리는 몇 초조차 가만히 있지 못하며 스마트폰을 들여다본다.

이러한 '행위양식'에서는 편도체가 활성화되고, 불안, 초조함, 결핍 등의 감정이 마음의 밑바닥에 깔려 있다. 그래서 불편한 감정으로부터 벗어나기 위해 무의식적으로 외부의 대상을 찾는다. TV, 영화, SNS와 숏폼 영상, 게임, 음식, 술, 담배, 커피 등을 끊임없이 소비하는 우리의 일상은, 어쩌면 이러한 감정으로부터 도망치려는 몸부림일지도 모른다.

그만큼 우리는 지금 이 순간을 있는 그대로 느끼는 데 익숙하지 않고, 현재와의 연결을 상실한 채 살아가고 있는 셈이다. 그렇다면 어떻게 내면의 불안, 초조함, 결핍 등의 감정으로부터 자유로워질 수 있을까? 아이러니하게도, 우리가 그토록 도망치려 했던 바로 그 '지금 여기'에 자유의 열쇠가 있다.

우리는 가끔 '지금 여기', 즉 현존을 경험할 때가 있다. 노을 지는 저녁 하늘을 볼 때, 아침에 피어난 꽃을 볼 때, 자연 속을 걷거나 아이의 눈을 바라볼 때, 좋아하는 음악을 들을 때, 잠시 과거나 미래가 아닌 지금 이 순간에 온전히 머무는 경험을 한다. 걱정과 불안이 사라지고, 평화와 고요함이 그 자리를 채운다. 문득 삶이 희망적으로 느껴지고, 존재의 기쁨이 솟아오르는 순간이다. 우리가 바라는 행복과 충만함은 멀리 있는 것이 아니라, 이처럼 소소한 일상의 순간 속에 깃들어 있다.

인간의 성적 집착은 단지 생물학적 본능 때문만이 아니라, '지금 여기'에 대한 깊은 무의식적 갈망과도 연결되어 있다고 볼 수 있다. 절정의 순간, 시간과 자아, 생각의 경계가 사라지고 그저 이 순간

'존재'하며, 고요함과 충만함을 경험한다. 인도 탄트라에서 성행위를 현존과 깨달음의 통로로 활용하는 이유가 여기 있다. 우리가 성(性)을 통해 찾는 것은 단순한 쾌락만이 아니라, 존재의 근원과 잃어버린 본질에 대한 그리움일지도 모른다. 이처럼 '현존'은 인간의 가장 깊은 차원에서 갈망하는 상태이기도 하다.

우리가 '지금 여기'에 현존할 때, 몸과 뇌, 그리고 마음에는 어떤 변화가 일어날까? 먼저 몸에서는 긴장과 투쟁 반응을 일으키는 교감신경이 줄고, 부교감신경이 활성화된다. 이는 이완을 유도하여 혈압, 심박수, 근육의 긴장을 낮추고, 호흡을 깊고 느리게 만든다. 그 결과 산소 공급이 원활해지고, 면역력도 강화된다.

뇌에서는 불안과 분노 같은 생존 본능 감정을 관장하는 편도체가 안정화되고, 논리적이고 이성적인 사고를 담당하는 전전두피질이 활성화된다. 그 결과 우리는 감정에 휘둘리지 않고 알아차림으로 반응할 수 있게 된다. 내면의 자각이 깊어지고 자기 통찰이 가능해지며, 공감 능력도 높아진다. 자기 보호와 방어에서 벗어나 타인의 감정을 보다 여유롭게 받아들일 수 있게 된다.

마음은 자동반응이나 회피반응에서 벗어난다. 불안, 슬픔, 외로움 같은 감정이 올라와도 휘둘리지 않고 그대로 느끼며, 그 감정을 수용하고 통합할 수 있다. 지금 이 순간에 머무를 때, 고요함과 감사함으로 내면이 채워지고, '나'를 판단 없이 바라보게 된다. 그 안에서 자기 연민과 수용이 자라나고, 몸과 마음은 자연스럽게 치유와 회복의 길로 나아간다. 현존은 최고의 '소확행'인 셈이다.

그렇다면 직장에서는 어떻게 '지금 이 순간'에 머물 수 있을까? 휴식 시간에 잠시 의자에 앉아 호흡이나 몸을 관찰하는 것만으로도 긴장이 풀리고 마음이 편안해질 수 있다. 또한 직장에서 유용한 개념이 바로 '몰입(Flow)'[*]이다. 몰입은 활동에 완전히 빠져 자의식이 사라진 상태를 말하며, 이때 불안과 걱정이 줄어들고 자연스럽게 현재에 머무르게 된다. 또한 그 과정 자체에서 즐거움을 느끼기 때문에, 내적 만족감과 자기효능감이 높아진다. 몰입 상태에서는 시간 감각이 흐려지고, 스트레스 해소와 긴장 완화에도 도움이 된다.

몰입과 현존은 비슷해 보이지만 본질적인 차이가 있다. 몰입은 집중할 대상이 필요하지만, 현존은 대상을 필요로 하지 않는다. 또한 몰입은 자아가 희미해지는 반면, 현존은 자각이 또렷해진다. 몰입은 어떤 활동에 집중함으로써 현재에 머무르게 해 주는 수단이지만, 현존은 그 자체로 목적이자 삶의 본질이다. 몰입이 '무엇을 하며 존재하는 상태'라면, 현존은 '그저 존재함으로써 깨어 있는 상태'다.

---

[*] 자발적 집중 상태로, 활동에 완전히 빠져 자의식과 시간 감각이 사라지고 내적 만족을 느끼는 심리적 상태.

지금, 과거와 미래가 만나는 자리

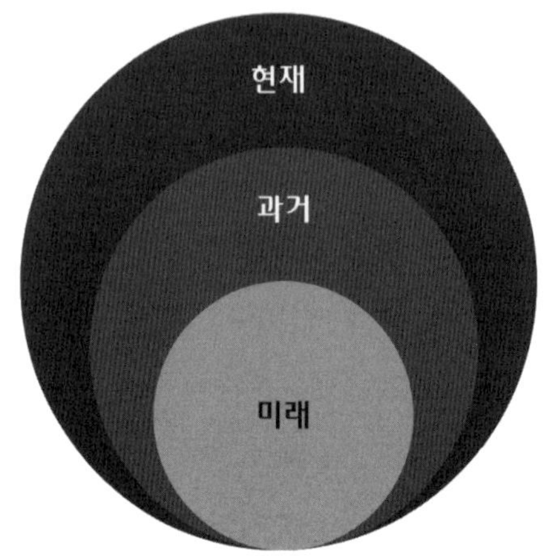

우리는 흔히 시간을 과거–현재–미래로 이어지는 직선으로 생각한다. 하지만 과거와 미래는 '현재의 의식 안에서 일어나는 작용'이며, 끊임없이 서로 영향을 주고받는 상호작용의 관계로 볼 수 있다.

그림처럼 현재 일어나는 의식은 과거와 미래를 모두 품고 있다. 우리가 알아차리지 못하는 사이, 무의식 속 과거의 기억은 끊임없이 지금의 경험에 영향을 미친다. 과거는 지나간 일이 아니라 우리 의식 속에서 여전히 살아 숨쉬는 실체인 것이다. 이것은 밤하늘의 별빛과도 같다. 우리가 보고 있는 별빛은 오래전 빛의 흔적이다. 과거의 기억 또한 그렇게 현재의 감정과 인식 속에서 여전히 빛나고 있다.

미래 역시 '지금 여기'에서 분리되어 있지 않다. 현재의 의식과 선택, 그리고 과거의 경험이 만나 가능성의 씨앗으로 우리 안에 늘 존재한다. 미래는 지금의 마음 상태에 따라 끊임없이 변하는, 살아 있는 가능성이다.

그러므로 '현재'는 단순한 한순간이 아니라, 과거의 모든 경험과 미래의 가능성이 함께 살아 있는 의식의 중심이다. 우리가 이러한 '현재'를 이해할 때, 지금 이 순간이 얼마나 소중하고 값진지 진정으로 알게 된다.

2

호흡을 통한
현존의 문 열기

"호흡을 의식하는 순간, 우리는 몸과 마음을 하나로 모읍니다.
지금 이 순간, 우리는 살아 있습니다."

–틱낫한 스님–

이제 '지금 여기', 현존을 직접 경험할 시간이다. 앞서 말했듯 마음은 지금 이곳이 아닌, 늘 과거나 미래 어딘가로 떠도는 것을 좋아한다. 이러한 마음을 현재에 머무르게 하는 좋은 방법은 몸의 감각에 집중하는 것이다. 몸의 감각은 오직 '지금 이 순간'에만 존재하기 때문이다. 그리고 그중에서도 가장 좋은 감각은 '호흡'이다.

호흡은 자율신경계의 지배를 받으면서도 의식적으로 조절할 수 있는 독특한 기능을 지니고 있다. 심장은 우리가 의도적으로 조절할 수 없지만, 호흡은 따라가다 보면 점차 깊어지고 안정화되며, 부교감신경계를 활성화하게 된다. 부교감신경계는 심박수를 낮추고,

근육의 긴장을 완화시키며, 뇌의 스트레스반응을 줄여 준다. 이것은 '이완반응'의 핵심인 편도체를 진정시키고, 전전두피질을 활성화하여 마음을 고요하게 만든다. 이처럼 호흡은 단순한 생리적 작용을 넘어, 마음의 상태를 변화시키는 연결 고리이다.

호흡과 생각은 시소처럼 서로 영향을 주고받는다. 생각이 많을수록 호흡에 집중하기 어렵고, 호흡에 집중할수록 생각은 느슨해지며 마음은 점차 잦아든다. 마침내 호흡은, 모든 존재의 근원인 '현존'이라는 넓고 깊은 내면의 바다로 우리를 이끈다.

현존 상태에 접어들면 자아는 활동을 멈추고, 내면에서는 자연스럽게 고요함, 평온함, 충만함, 감사함과 같은 느낌이 일어난다. 비로소 존재의 근원, 또는 내면의 고향에 돌아온 듯한 감각이 깃든다. 그곳에서는 '있는 그대로'의 나 자신이 온전하며, 존재 그 자체만으로도 충만하게 느껴진다.

호흡하는 자세

호흡할 때 취하는 자세는 두 가지만 기억하면 된다. 숨쉬기 편하고, 졸리지 않는 자세가 좋다. 의자나 소파에 앉아 등을 기대거나 누운 자세는 긴장이 풀리면서 잠에 빠질 수 있다. 물론 잠들기 전 호흡하는 것은 적극 추천한다. 호흡을 하다 잠이 들면 자율신경계가 안정되면서 자연스럽게 수면의 질도 향상된다.

일반적으로 호흡할 때는 한쪽 발을 다른 쪽 허벅지 아래에 두고, 양 무릎이 바닥에 닿는 '반가부좌'나, 다리를 가볍게 교차한 후 무릎을 가능한 바닥에 닿게 하는 '단순 교차 좌법'이 좋다. 다리에 무리가 가지 않고 호흡을 방해하지 않는 편안한 자세가 중요하다.

직장이나 허리 · 무릎에 불편함이 있는 경우에는 의자에 앉아 명상하면 부담을 줄일 수 있다. 엉덩이는 의자 깊숙이 넣고, 허리는 등받이에서 떨어져 바르게 세운다. 무릎은 엉덩이보다 약간 낮거나 같은 높이가 되도록 하고, 발바닥은 바닥에 전체가 닿게 한다. 필요한 경우 발판을 활용해 자세의 안정성을 높인다.

졸음을 방지하고 집중을 높이기 위해 허리는 바르게 세우되, 가슴과 어깨에는 긴장이 들어가지 않도록 이완시킨다. 호흡이 편안하게 흐르도록 상체를 5~15도 정도 앞으로 가볍게 숙여, 가슴과 복부가 자연스럽게 열리도록 한다. 단, 상체가 과도하게 구부정해지거나 턱이 지나치게 떨어지면 집중력이 흐려지고 졸음이 오기 쉬우므로, 15도 이상 숙이지 않도록 한다.

양손은 손바닥을 위로 향하게 해 무릎 위에 가볍게 올려 둔다. 손바닥을 아래로 두면 팔이 더 안정되며 미끄러짐도 방지된다. 호흡시 배가 부풀어 오르고 꺼지는 것이 잘 느껴지지 않거나 더 집중하고 싶다면, 양손을 배 위에 살짝 포갠다.

눈은 일반적으로 감지만, 생각이 많이 떠오를 때는 눈을 뜨고 해도 괜찮다. 이때는 눈을 반쯤 뜨고, 시선을 정면 1~2미터 앞에 두되 초점을 맞추지 않고 흐릿하게 바라본다. 또 하나의 선택은, 엄지와 검지를 가볍게 맞대고 그 접촉 부위에 의식의 일부를 두는 것이다.

이러한 감각에 집중하면 알아차림이 더욱 깊어진다.

호흡 준비 단계

바로 호흡으로 들어가도 되지만, 가볍게 몸을 느끼고 이완한 후에 시작하면 집중하기가 훨씬 수월하다. 천천히 목을 왼쪽, 오른쪽으로 각각 세 번씩 돌려본다. 목에 긴장되거나 굳어 있는 부분이 있는지 느끼며, 오직 목의 감각에만 집중해 본다. 그다음 상체를 왼쪽, 오른쪽으로 각각 세 번씩 돌려준다. 움직이는 동안 허리와 고관절, 바닥에 닿아 있는 엉덩이의 감각에 집중한다.

이제 심호흡을 세 번 한다. 들이마실 때는 코로, 내쉴 때는 들숨보다 길게 입으로 내쉰다. 날숨을 따라 몸과 마음의 긴장이 빠져나간다고 상상해 본다. 심호흡을 마친 후에는 호흡을 조절하지 않고, 몸이 자연스럽게 하는 호흡에 맡긴다. 들숨은 코로 들이쉬고, 날숨은 코나 입 중 편안한 쪽으로 내쉰다. 가슴에 긴장이 느껴져 호흡이 불편할 경우, 입으로 길게 내쉬면 긴장을 완화하는 데 도움이 된다.

마지막으로 머리부터 발끝까지 바디스캔을 한다. 바디스캔은 몸과 마음의 연결을 회복하고, 의식을 지금 이 순간에 머물게 해 주는 간단하지만 강력한 명상법이다. 먼저 머리 정수리를 느껴 본다. 이어서 이마, 눈, 눈 주변의 긴장을 풀어 준다. 턱 근육의 긴장을 풀어 입이 살짝 벌어지도록 하고, 입안과 혀의 감각도 함께 느껴 본다. 턱 근육을 이완하는 것만으로도 불안과 공포를 일으키는 편도체의 반응이 줄고, 전전두엽이 활성화되어 자기조절과 집중력이 높아지며, 뇌간과 부교감신경이 활성화되어 몸 전체가 쉽게 이완되고 호흡도 안정된다.

이제 목으로 내려간다. 앞, 뒤, 옆 목의 긴장을 하나씩 느끼고 풀어 준다. 우리 몸은 단지 '느껴 주는 것'만으로도 긴장이 풀리기 시작한다. 어깨로 내려가, 잠시 어깨의 짐을 내려놓고, 자연스럽게 축 처지도록 이완해 본다. 이제 팔로 내려간다. 위팔, 팔꿈치, 아래팔, 손목, 손바닥, 손등, 손가락과 손가락 끝까지 천천히 감각을 느껴 본다.

가슴으로 의식을 옮긴다. 호흡이 들어오고 나가면서 폐가 수축하고 팽창하며, 횡격막과 갈비뼈까지 함께 움직이는 감각을 따라간다. 가슴이 편안한지, 답답한지 느껴 본다. 가슴이 답답하더라도 그 느낌을 그대로 알아차리고, 수용하며 느껴 준다. 우리 내면에서 올라오는 어떤 느낌도 잘못된 것은 없다. 모든 감정은 내면이 보내는 메시지이며, 명상은 '있는 그대로의 나'를 알아차리고 수용해 주는 시간이다. 불편한 느낌도 분별하지 않고 가만히 수용하고 느껴 주면, 우리의 관심과 위로를 받고 점차 통합되어 사라지게 된다.

이제 배로 내려가 보자. 숨을 들이쉴 때 배가 부풀고, 내쉴 때 배가 가라앉는 것을 관찰한다. 호흡이 얼마나 깊이 내려가는지도 느껴 보고, 뱃속의 장기들도 살펴본다. 위장, 소장, 대장 등에서 불편한 느낌은 없는지 가만히 알아차려 본다. 그다음 바닥에 닿아 있는 엉덩이를 느껴 본다. 상체의 체중과 긴장을 엉덩이를 통해 바닥으로 내려놓는다고 생각해 본다. 엉덩이에서 느껴지는 압력에 잠시 집중해 본다. 이제 허벅지, 무릎, 종아리, 발목, 발, 발가락으로 천천히 의식을 내려보낸다. 구석구석을 더 깊이 느낄수록, 몸과 마음은 더욱 연결되고 이완된다.

마지막으로 몸 전체로 의식을 확장해 본다. 머리끝에서 손끝, 발끝까지 하나로 통합된 몸을 이루고, 모든 세포가 깨어나 생명력 있는 에너지가 흐르는 것을 느껴 본다.

호흡할 때 편안한 명상 음악을 틀면 집중과 이완에 도움이 된다. 소음이 있는 공간에서는 음악이 소음을 덜어 주는 역할도 한다. 하지만 명상이 깊어지면 오히려 음악이 내면의 고요를 방해할 수도 있다. 모든 선택은 내면의 감각이 알려 주는 대로 따라가면 된다.

호흡하는 방법

여러 가지 호흡법 중 여기에서 소개할 호흡은, 필자가 직접 경험해 본 것 중 가장 안전하고 편안하며 누구나 쉽게 실천할 수 있고 효과적인 방법이다. 이제 호흡 준비 단계를 마쳤으면, 아랫배에 의식을 집중한다. 숨이 들어오고 나가면서 배가 부풀고 수축하는 것을 관찰한다. 의식적으로 호흡을 길게 하려고 애쓸 필요는 없다. 그저 몸이 원하는 대로 자연스러운 호흡 리듬을 찾아본다. 들숨은 코로, 날숨은 코나 입 중 편안한 쪽으로 내쉰다. 들숨과 날숨의 간격을 일정하게 유지해 본다.

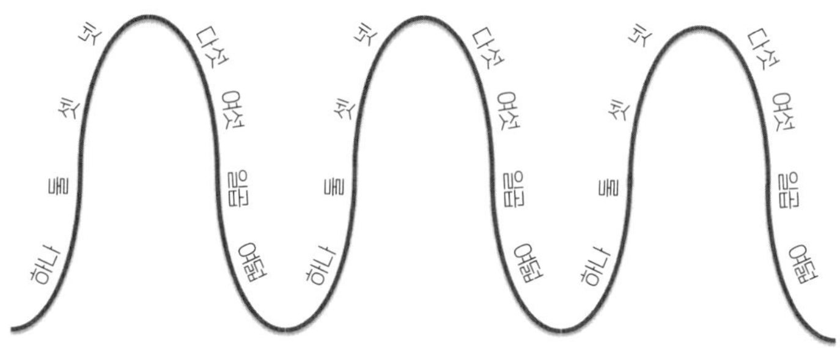

배가 부풀고 꺼지는 리듬에 맞춰, 들숨에 마음속으로 '하나 둘 셋 넷', 날숨에 '다섯 여섯 일곱 여덟'을 세어 준다. 숫자를 세는 이유는 마음을 호흡에 단단히 묶어 두기 위함이다. 들숨과 날숨, 날숨과 들숨 사이는 호흡을 멈추지 않고 부드럽게 이어 간다. 호흡이 끊기면 생각이 일어날 수 있기 때문이다.

만일 호흡 중 배의 감각이 잘 느껴지지 않거나 가슴이 답답하다면, 가슴으로 호흡해도 좋다. 가슴 호흡은 그 부위에 쌓인 긴장과 스트레스를 풀어 주어 호흡을 한결 편안하고 깊게 만든다. 또한 긴장이 많이 될 때는 앞의 4-4 호흡 대신 4-6이나 4-8 호흡을 하면 효과적이다. 들숨보다 날숨을 길게 할수록 몸은 더 이완되고, 마음은 한층 편안해진다.

호흡에 집중하다 보면, 생각과 감정이 점차 안정되고, 불규칙하고 거칠던 호흡이 균일해지며, 리듬도 점점 안정되고 길어진다. 이때는 숫자를 호흡의 리듬에 맞춰 천천히 세어 주면 된다. 호흡 훈련이 오랜 기간 지속되면 호흡의 길이가 자연스럽게 늘어날 것이다. 그에 따라 숫자도 늘려 주면 된다. 예를 들어, 들숨을 여섯, 여덟, 혹은 열까지 셀 수도 있다. 이것은 억지로 해서는 안 되고, 억지로 해도 잘되지 않는다. 그저 내 몸이 원하는 리듬을 따라가다 보면, 자연스럽게 그렇게 된다.

또한 숫자 대신 마음속으로 명상진언[*]을 말하는 것도 좋다. 들숨과 날숨의 리듬에 맞추어 "나는/ 지금/ 이 순간/ 온전히/ 수용/ 합니다."를 반복하는 것이다. 이 명상진언을 이어 가다 보면, 마음의 무의식적 저항이 점차 수용으로 바뀌어 명상 상태로 들어가기 쉬워진다.

---

[*] 호흡에 맞추어 짧은 문구를 반복해 마음을 현재에 머물게 하는 방법.

숨을 쉬며 두통을 없애다

예지(가명)는 두통이 심해 명상센터를 찾은 학생이다. 두통의 강도는 0부터 10까지 중 9에 이를 정도로 심각했다. 그로 인해 매일 지각하거나 조퇴를 반복했고, 정상적인 학교생활이 어려운 상황이었다. 예지는 전반적으로 불안 수준이 높은 편이었다. 두통 때문에 학업을 비롯해 앞으로의 삶을 온전히 살아갈 수 있을지에 대한 불안이 끊임없이 따라다녔다. 그리고 이러한 불안은 다시 두통을 유발하는 악순환으로 이어지고 있었다.

명상수업을 들으며 예지는 자신의 생각과 감정을 조금씩 이해하기 시작했다. 그리고 마음을 다스리고 긍정적인 정서를 키울 수 있는 여러 가지 기법들을 일상생활 속에서 성실히 실천해 나갔다. 그 결과 두통이 점차 호전되었고, 지각이나 조퇴 없이 학교생활도 안정적으로 이어 갈 수 있게 되었다.

그러던 중 감기에 걸렸고, 그 감기가 폐렴으로 악화되었다. 건강이 급격히 나빠지자 불안과 스트레스가 통제하기 어려운 수준까지 올라갔고, 다시 두통이 찾아왔다. 걱정을 내려놓는 연습과 함께 체력을 회복하는 데 도움이 되는 호흡법을 안내했고, 학교와 집에서 불안이 올라올 때마다 꾸준히 실천하도록 도왔다.

　그로부터 2주 후, 예지는 처음으로 밝고 생기 있는 표정으로 명상 수업에 참여했다. 학교에서는 쉬는 시간마다 호흡을 했고, 집에서도 꾸준히 실천했다고 했다. 호흡을 하면서 마음이 평화로워졌고, 두통도 함께 사라졌다고 한다.

3

처음 시작하는 이를 위한
명상 팁

"명상은 어떤 특별한 상태에 도달하는 것이 아니라,
있는 그대로의 자신과 함께 머무는 것이다."

−라마나 마하르시−

현대인에게 명상은 결코 쉬운 일이 아니다. 늘 최선의 결과를 낼 수 있는 방법을 찾아야 하고, 스마트폰, SNS, 유튜브, 넷플릭스 등 도파민 분비를 과도하게 유도하는 자극에 쉽게 노출된다. 또한 내면의 가치보다는 외부의 성공을 추구하는 문화 속에서, 명상은 생활 속에서 자리를 잃기 쉽다.

뇌의 관점에서도 명상은 어려운 과제다. 우리의 뇌는 평소 베타파[*] 상태에서 문제 해결, 계획 세우기, 걱정하기 등으로 분주하게

---

[*] 깨어 있을 때의 뇌파 상태로, 주의 집중 · 문제 해결 · 불안과 관련된 빠른 주파수를 보임.

활동한다. 명상 상태에 이르기 위해서는 베타파에서 알파파[*]로 전환되어야 하지만, 뇌에 갑자기 '아무 생각도 하지 말라'는 요구를 주입하는 것은 어려운 일이다. 걱정과 불안 등 과도한 스트레스로 인해 활성화된 편도체도 명상 상태로 쉽게 들어가지 못하게 한다. 눈을 감고 조용히 앉아 있으면, 편도체에 각인된 불안과 걱정이 올라오기도 한다. 이러한 이유로 명상은 단순한 집중 훈련이 아니라, 뇌와 마음의 습관을 재조율해 나가는 과정이라 할 수 있다.

필자 역시 명상을 온전히 경험하기까지는 오랜 시간이 걸렸다. 군 생활을 시작하기 전 명상에 도전했지만, 번번이 생각과 씨름하다 잘 이어 가지 못했다. 그 당시에는 정보가 부족해 생각을 어떻게 다루어야 하는지도 몰랐다. 그 뒤 군에 가서 한동안 연습을 못하다가, 상병이 되고 얼마 후에야 처음 명상의 문이 열렸다. 그때 일기장에 남긴 기록의 일부는 다음과 같다.

오늘 처음으로 명상이 나에게 문을 열어 주었다. 사념들과 싸우고 있던 순간, 그 사념들을 바라볼 수 있었고, 몸은 마비된 듯 움직일 수 없었다. 그러나 의식은 어느 때보다 선명하였다. 이것이 깨어 있다는 의미인가?

---

[*] 이완 상태일 때 나타나는 뇌파 상태로, 평온하고 집중된 의식 상태를 나타냄.

명상을 시작할 때 중요한 마음가짐은 조급함을 내려놓고, 인내심을 가지고, 꾸준히 하는 것이다. '마음의 평온을 찾아야지', 또는 '불안을 없애야지'와 같은 기대는 원하는 상태에 도달하지 못할 경우 실망을 불러올 수 있다.

또한 명상은 생각을 멈추는 것이 아니다. 오히려 생각을 있는 그대로 알아차리고, 흘려보내는 과정이다. 생각은 현재 마음 상태를 보여 주는 소중한 공부 재료이며, 이를 통해 마음이 어떻게 작용하는지를 이해할 수 있다. 처음 명상을 접하는 이들은 생각이 많아지는 것을 실패로 받아들이는 오해를 하기도 한다.

정리가 안 된 생각이나 감정은 자연스럽게 명상 중에 떠오른다. 그저 '이 생각 또는 감정이 정리되기 위해 올라오는구나.'라고 알아차리고 다시 호흡으로 돌아오면 된다. 우리 안의 어떤 것도 잘못된 것은 없다. '좋다 나쁘다'는 판단을 내려놓고, 그저 있는 그대로 알아차려 주면 된다.

명상 중에 몸을 움직이지 않고 가만히 있는 시간이 불편하게 느껴질 수도 있다. 우리는 늘 바쁘게 움직이고, 무언가를 해야 한다는 압박 속에서 살아간다. 그래서 가만히 있는 것이 익숙하지 않아, TV나 스마트폰을 찾는 습관에 기대곤 한다. 이는 '지금 여기'에서 벗어나고 싶어 하는 무의식적인 마음의 반응이다. 마음은 과거나 미래에 머무르기를 좋아하며, 현재에 머물면 힘을 잃기 때문에 저항하는 성질이 있다.

불편함이 올라올 때는 그 마음의 속성을 이해하고, '지금 내 몸이 움직이고 싶어 하는구나.'라고 알아차리며 위로해 주면 된다. 시간이 흐르면서 마음이 점차 고요해지고, 몸도 자연스럽게 명상에 익숙해질 것이다.

명상을 하는 것은 자전거 타기에 비유할 수 있다. 균형을 잡기까지 시간이 필요하며, 넘어져 상처가 생기는 것도 감수해야 한다. 비록 넘어지더라도 그것은 실패가 아니라, 자전거 타기에 이르기까지의 자연스러운 과정일 뿐이다. 명상도 이와 비슷하다. 활성화된 편도체를 안정시키고, 뇌파를 낮추며, 몸을 이완시키고, 생각과 감정을 정화하는 과정은 시간과 인내를 요구한다.

명상 중 집중이 잘되지 않더라도, 그것은 실패가 아니라 자연스러운 흐름이며 과정 중 하나일 뿐이다. 그 과정들이 차곡차곡 쌓이면, 불가능해 보였던 자전거의 두 바퀴가 균형을 잡듯이, 몸과 마음이 조화를 이룰 것이다. 그때 더 깊은 명상을 체험하게 될 것이다.

우리는 내면의 불안이나 결핍감을 채우기 위해 끊임없이 무언가를 배우고 도전하며 살아간다. 그러나 명상은 무언가를 배우거나,

채우거나, 잘해야 하는 활동이 아니다. 오히려 '지금 있는 그대로의 나'를 받아들이고 수용하는 과정이다.

　내면의 평화는 내가 싫어하는 나의 모습을 제거해서 얻을 수 있는 것이 아니다. 오히려 부족하고 미완성된 모습까지도 판단 없이 수용하고, 다정하게 안아 주는 것이다. 그럴 때 비로소 우리는 외부 조건과 상관없는 내면의 고요함에 닿을 수 있다.

4

호흡명상 중 떠오른 감정
무의식 정화와 치유

"당신 안의 어둠을 제거하려 하지 마라.
단지 빛을 비추어라. 그러면 어둠은 자연스럽게 사라질 것이다."

−라마나 마하르시−

호흡명상을 하다 보면 무의식에 쌓아 두었던 감정들이 의식의 표면으로 올라오기도 한다. 우리는 지금껏 '행위양식'의 삶을 살며 불편한 감정을 무의식적으로 억누르거나 회피해 왔다. 감정(Emotion)은 에너지(Energy)의 움직임(Motion)으로 이해할 수 있다. 에너지는 자연스럽게 흘러야 하는데, 댐을 막아 물길을 가두듯, 우리는 불편한 감정을 흐르게 하는 대신 내면 깊은 곳에 가두며 살아왔다.

과거에 흘려보내지 못한 분노, 슬픔, 불안, 두려움, 질투, 죄책감 등의 부정적 에너지는 모두 무의식에 저장된다. 그 감정들은 정화되고 치유되기를 바라며 의식의 표면으로 올라오지만, 우리는 그것을 계속 억누르거나 회피하느라 내면의 많은 에너지를 소모한다. 이러한 감정은 사라지지 않고 무의식에 억눌린 채 저장되어 있다가, 유사한 자극이나 경험을 마주할 때 활성화되어 다시 떠오른다. 무의식은 통합되지 않은 감정을 치유하기 위해, 비슷한 상황을 반복해서 경험하게 하기도 한다. 비슷한 감정적 경험이 반복된다면, 그것은 무의식이 보내는 치유의 메시지일 수 있다.

우리가 일상에서 경험하는 대부분의 부정적 감정은, 과거에 흘려보내지 못한 감정의 잔재다. 이를 알아차리지 못하면, 현재의 자극이나 사람에게 비난의 화살을 돌리게 된다. 그러나 지금의 상황은 내 안에 억눌린 감정을 건드린 하나의 방아쇠일 뿐이다. 내 안에 화약고가 없었다면, 훨씬 여유롭고 이성적으로 반응할 수 있었을 것이다. 이 부정적 감정 에너지를 흘려보내고 치유해 줄 때, 우리는 비로소 과거의 지배에서 벗어나 자유로워질 수 있다.

무의식에 억눌린 감정을 정화하는 데는 두 가지 방법이 있다. 첫째는 호흡명상을 통해 억압된 감정이 흘러나오도록 돕는 것이다. 둘째는 일상 속에서 감정이 올라올 때, 그것을 과거의 기억과 연결 지어 알아차리는 것이다. 이 두 번째 방법은 3장에서 자세히 다룰 예정이다.

먼저 호흡명상을 통한 무의식 정화를 살펴보자. 왜 호흡명상을 할 때 무의식의 감정이 떠오를까? 그것은 우리가 외부 자극을 차단하고 내면에 귀를 기울이기 때문이다. 마치 물결이 일 때는 물속 바닥이 보이지 않지만, 물결이 멈추고 고요해지면 바닥이 드러나듯이, 우리의 의식도 생각과 감정의 물결이 잦아들면 그 아래 숨겨져 있던 무의식이 비로소 드러난다. 평소에는 외부 자극과 내면의 반응에 휘둘려 무의식의 신호를 감지하기 어렵다. 호흡명상은 이처럼 억눌린 감정을 드러내고 마주할 수 있도록 도와주는 깊은 내면 작업의 시작점이 된다.

사실 우리의 무의식은 억눌린 에너지를 정화하고자, 때로는 감정으로, 때로는 미묘한 느낌으로 지속해서 메시지를 보낸다. 그러나 우리는 외부 세계에 집중하느라 그 메시지를 듣지 못하거나 무시해 왔다. 내면에 집중하는 순간, 무의식은 '이제 치유할 때'라고 판단하고, 닫혀 있던 문을 열기 시작한다.

호흡명상 중 불편한 감정이 올라오면 어떻게 해야 할까? 호흡명상을 하며 내면에 귀를 기울이다 보면, 우리의 의식은 '행위양식'에서 '존재양식'으로 전환된다. '존재양식'에서는 내면에서 불편한 느낌이 올라오더라도, 그것을 있는 그대로 알아차리고 관심을 기울이는 포용력이 생긴다. 그 포용력으로 우리는 불편한 느낌을 판단 없이 수용하고, 가만히 함께 느껴 준다. 이때 중요한 것은, 감정을 바꾸려 하지 않고 있는 그대로 머물게 하며 함께 있어 주는 태도다.

호흡에 집중하며 그 감정과 함께 있는 것이다. 불편한 느낌을 보내는 내면의 자아 역시 '나'를 구성하는 소중한 일부분이다. 하지만 오랫동안 억눌리고 무시당해 왔을 뿐이다. 우리가 외면한 자아는 알아차리고, 이해하고, 품어 주기 전까지는 끊임없이 울부짖는다. 그 울음을 멈추게 할 수 있는 유일한 방법은 그저 함께 머물며 진심으로 들어 주는 일이다.

내 안의 자아가 지닌 슬픔, 분노, 불안, 두려움 등 어떤 감정도 외면하지 않고, 그 감정과 함께 있는 것이다. 울고 싶으면 울면 된다. 울음은 억눌린 감정 에너지가 해소되는 자연스러운 통로이며, 자율 신경계를 회복시키는 치유의 과정이다.

불편한 감정과 함께하며 느껴 주다 보면, 그 감정이 조금씩 해소되며 가벼워지기 시작한다. 그러나 모든 감정이 한 번에 치유되지는 않는다. 지속적으로 알아차리고, 수용하고, 포용해 주다 보면, 점점 가벼워지고 자유로워지는 것을 느낄 수 있다.

이러한 과정을 통해, 나에게 영향을 미치는 큰 불편한 감정부터 하나씩 정화하고 치유해 나간다. 가끔은 댐의 수문이 열리듯, 감정이 쏟아져 일상생활에서 불편함이 나타날 수도 있다. 이럴 땐 호흡 명상 시간을 조절하여, 일정이 없는 저녁이나 휴일에 집중하는 것이 도움이 된다.

5

일상 속 '지금 여기'를 사는 법
불안에서 평온으로

"마음이 미래로 달려갈 때마다, 조용히 지금 이 순간으로 불러오십시오.
그것이 영혼의 쉼터입니다."

−파라마한사 요가난다−

우리는 매일 분주하게 살아간다. 아침에 일어나 오늘 할 일을 걱정하고, 하루 종일 바쁘게 일정을 처리하고, 잠들기 전에는 하루 동안 겪은 감정적인 사건을 떠올리거나 내일을 걱정하며 하루를 마무리한다. 이처럼 마음이 과거나 미래에 머무르면, 삶은 점점 메말라가고 기쁨보다는 불안과 걱정으로 채워지게 된다. 그 결과, 삶은 생존을 위한 투쟁처럼 느껴지고, 만족도는 점점 떨어지게 된다.

일상에서 완전히 벗어날 수는 없겠지만, 잠시 '멈춤'의 시간을 갖고 몸과 마음을 조용히 들여다보는 것만으로도 삶은 훨씬 수월해질 수 있다. 이 짧은 멈춤이 곧 알아차림의 시작이다. 지금부터 일상 속에서 '지금 여기'를 실천할 수 있는 방법들을 알아보자.

자아와 감정의 속삭임

어느 날 엘리베이터 안에서 아이의 손을 잡고 있는 어머니의 모습을 본 적이 있다. 말이 서툰 아이였지만, 어머니는 다정하게 아이와 대화를 주고받으며 사랑을 전하고 있었다. 그 모습이 참 따뜻하고 인상 깊었다. 자아도 그 아이처럼 종종 투정을 부리듯 우리에게 말을 걸어온다. "나는 부족해. 사람들이 나를 무시해. 나는 안 돼." 이러한 자아의 속삭임을 제때 알아차리지 못하면, 우리는 자아와 동일시되어 끌려가게 된다.

자아는 늘 타인과 비교하며 만족할 줄 모르는 아이와 같다. 아이가 불평을 털어놓을 때, 부모가 타이르고 위로해 주듯이, 불안해하거나 불평하는 자아에게도 우리는 따뜻하게 말해 줄 수 있다. "그래, 지금 네가 힘들구나."라고 말하며 그 자아를 위로해 주는 것이다.

불편한 감정을 피하거나 바꾸려 하면 오히려 더 불편해진다. 그 감정을 알아차려 주고, 받아들이며, "내가 함께해 줄게. 괜찮아. 좋아질 거야."라고 다독여 주면, 자아가 위로를 받으며 감정도 서서히 풀리게 된다.

관찰자의 시선 회복

일상생활에서 '나'와 '생각과 감정'을 동일시하지 않는 태도는 매우 중요하다. 알아차림이 사라진 상태에서는 '생각·감정=나'로 인식되기 때문에 삶이 쉽게 휘둘리고 혼란스러워진다. 하지만 생각과 감정은 매 순간 일어났다 사라지는 파도와 같은 현상일 뿐이다. 우리는 그것을 붙잡거나 동일시하지 않고, 그저 지켜보는 '관찰자'가 되어야 한다.

떠오르는 생각과 감정을 있는 그대로 알아차리며, "아, 자아가 지금 불안해하는구나."라고 조용히 말해 주는 것만으로도 '관찰자'와 '자아' 사이에 여백이 생기고, 우리의 의식은 자연스럽게 관찰자의 위치로 전환된다. 이 여백은 감정에 자동반응하지 않고 응답할 수 있는 내면의 힘을 길러 준다.

'생각과 감정을 동일시하는 삶'과 '관찰자의 관점에서 사는 삶'의 차이는, 마치 영화 화면 속의 '등장인물로 사는 삶'과 극장에서 그 영화를 지켜보는 '관객의 삶'의 차이로 비유할 수 있다. 한 발짝 물러서서 관찰하는 순간, 우리는 더 이상 그 장면에 휘둘리지 않고, 보다 지혜롭고 자유로운 선택을 할 수 있게 된다.

감각과 현존

또한 몸의 감각을 느끼는 일은 '지금 여기'라는 현존과 깊은 연결을 맺어 준다. 감각은 오직 이 순간에만 존재하며, 생각보다 훨씬 먼저 이 자리에 도달해 있다.

우리는 오감 가운데 시각에 지나치게 의존하는 삶을 살아간다. 몸의 감각을 더욱 섬세하게 느끼기 위해서는 시각 자극을 줄이고, 청각, 촉각, 후각, 미각에 주의를 기울이는 것이 도움이 된다. 그렇게 하면 보다 자연스럽게 '지금 여기'에 머무를 수 있게 된다.

예를 들어, 휴식 중이거나 책상에 앉아 있을 때 3분, 혹은 1분이라도 청각과 촉각에 주의를 기울여 보자. 먼저 편안한 자세로 앉고, 몸의 긴장을 살짝 풀어 준다. 그리고 들려오는 주위의 소리에 귀를 기울여 본다. 의외로 평소에는 듣지 못했던 많은 소리가 들려와 놀랄 수도 있다.

이제 촉각에 집중해 본다. 피부에 닿는 공기의 느낌, 옷깃이 스치는 감각, 호흡에 따라 몸이 부풀고 꺼지는 움직임, 바닥과 의자에 맞닿은 신체 부위의 압력, 그리고 몸 안에서 감지되는 미세한 진동이나 에너지 흐름에 주의를 기울인다.

마지막으로 천천히 눈을 떠 보자. 마음이 훨씬 고요해졌음을 느낄 수 있고, 흐릿했던 시야가 밝아지며 확장된 느낌이 들 수도 있다.

일상 속 명상

다음으로 후각과 미각에 주의를 기울이는 '마음챙김 식사법'에 대해 알아보자. 한국인의 평균 식사 시간은 서양인에 비해 절반에도 못 미친다고 한다. '빨리빨리'로 대표되는 문화는 식사에서도 삶의 여유와 소통보다는 속도와 생존의 효율을 더 중요하게 여기는 경향이 있다.

소위 '먹방'에 익숙해진 우리는 음식과 몸 사이의 관계를 섬세하게 느끼고 이해하기보다는, 더 빠르고 더 많이, 그리고 더 자극적인 식사를 추구하는 경우가 많다. 이러한 식습관은 소화에 부담을 주고, 과식과 비만으로 이어지며, 혈당 조절과 심혈관 건강에도 부정적인 영향을 미칠 수 있다.

우리는 일상 속에서 '먹는 행위'를 의식적으로 알아차릴 필요가 있다. 먹는 이유가 단지 몸에 에너지를 주입하기 위해서가 아니라, 감정과 무의식적 습관과도 깊이 연결되어 있기 때문이다. 불안하거나 결핍감을 느낄 때, 그 감정을 음식으로 채우려는 경향이 있다. 하버드 건강 저널(Harvard Health Publishing)에 따르면, 비만인의 최대 50%가 '정서적 섭식'을 가지고 있다고 한다.

정서적 섭식이 있는 사람은 단순한 다이어트보다는, 우선 마음챙김을 통해 불편한 감정을 알아차리고 해소하는 것이 중요하다. 음식을 먹기 전에 '배가 고픈가, 마음이 고픈가?'라고 자신에게 물어보는 습관은, 무의식적으로 먹는 습관을 알아차리는 데 도움이 된다. '마음챙김 식사법'을 실천하기 위해서는 식사 시간을 단지 '빨리 끝내야 하는 시간'이 아니라 '지금 여기 머무는 시간'으로 인식의 전환이 필요하다. 우리는 보통 식사를 생존이나 일상의 일과로 여기지만, 마음챙김 식사는 식사 그 자체를 하나의 명상으로 받아들인다.

먼저 음식을 먹기 전에 오감을 통해 음식과 접속하는 시간을 가져 본다. 눈으로 색을 보고, 냄새를 맡고, 질감을 느껴 본다. 그런 다음 한 입을 천천히 씹으며, 입안에서 일어나는 감각과 미각, 그리고 목으로 넘어가는 느낌까지 세심하게 알아차린다. 급히 먹고 싶은 욕구가 올라온다면, 젓가락이나 숟가락을 내려놓고 속도를 조절한다. 어느 정도 식사를 한 뒤에는 몸의 신호에 귀를 기울이며, 포만감이 왔는지, 아직 배가 고픈지, 단지 입이 심심한 것인지 구분해 본다. 이때 중요한 것은 생각이 아닌 몸의 감각을 기준으로 알아차리는 것이다.

마지막엔 감사로 식사를 마무리한다. 음식을 길러 준 자연, 농부, 그리고 식사를 준비한 모든 이들에게 마음을 담아 감사의 인사를 전해 본다. 마음챙김 식사법은 과식을 줄이고 소화를 돕는 신체적 효과뿐만 아니라, 현재의 순간을 온전히 즐기는 명상적 경험을 가능하게 한다.

대중교통을 이용할 때나 운전 중일 때, 호흡에 집중하는 것은 '지금 여기'에 머무는 좋은 연습이 된다. 흔히 이동은 목적지에 도달하기 위한 과정일 뿐, 낭비되는 시간처럼 여겨지기 쉽다. 그러나 관점을 바꾸면, 이 시간은 온전히 나 자신에게 집중할 수 있는 소중한 시간이 될 수 있다.

이동 중에는 외부의 방해가 적고, 반복적이고 단순한 환경이 지속되기 때문에, 마음을 호흡에 묶어 두기에 오히려 적합하다. 필자의 경우, 운전할 때 한 손은 배에 두고, 한 손은 운전대를 잡은 채, 교통 흐름을 주시하며 호흡에 집중한다. 그렇게 호흡과 함께하다 보면, 생각과 감정은 점점 호흡 너머로 사라지고, 온전히 현존 상태로 들어가게 된다. 창밖으로 지나가는 시시각각의 풍경은 새삼 경이롭고 아름답게 다가온다. 지금 여기, 눈앞에 펼쳐진 모든 것이 충만하고 완전한 느낌이 밀려온다.

산책을 하는 것도 생각과 감정을 정화하고 의식을 '지금 여기'로 가져오기 좋은 시간이다. 자연 속에서는 편안함을 느끼고 몸과 마음이 이완된다. 이는 본성과 자연이 같은 파장으로 공명하기 때문이며, 자연 속에서 잊고 있던 본래의 '나'로 되돌아오기 때문이다.

먼저 오감을 하나씩 열어 본다. 시각 자극은 줄이고 자연에서 들리는 새소리, 바람 소리, 풀벌레 소리에 주의를 기울여 본다. 그다음 후각에 집중해 본다. 풀 내음, 꽃 내음 등 자연의 향기가 마음을 맑게 한다. 그리고 바람이 피부에 닿는 느낌, 걸으면서 근육과 관절이 움직이는 느낌, 발바닥이 바닥에 닿는 질감, 들숨과 날숨 등을 느껴 본다.

산책하면서 생각과 감정이 떠오를 수 있다. 그것은 마음이 정화되는 자연스러운 과정이므로 억지로 없애려 하지 않는다. 그저 알아차리고, 나의 모든 것을 수용하며 느껴 줄 때, 점차 마음이 가벼워진다.

지금 여기의 행복

모리스 마테를링크의 동화 『파랑새』에서, 가난한 나무꾼의 아이들은 행복을 가져다주는 파랑새를 찾아 긴 여정을 떠난다. 그러나 아무리 먼 곳을 헤매도 파랑새는 발견되지 않고, 결국 아이들은 집으로 돌아온다. 그런데 집에 돌아와 보니, 그토록 찾아 헤매던 파랑새는 새장 속에 있었다.

이처럼 우리는 행복을 미래 어딘가에 두고, 그것을 위해 현재를 희생시키며 살아간다. 그러나 그 미래는 끝내 도달할 수 없는 신기루처럼 느껴질 때가 많다. 우리가 그토록 찾아 헤매던 행복은 사실 멀리 있지 않다. 너무나 가까이에 있기에 오히려 알아차리지 못했을 뿐이다. 행복은 바로 '지금 여기'에 머무는 현존 속에 있다.

6

명상과 멍때리기,
그리고 디폴트 모드 네트워크

"생각을 멈추려고 애쓰지 마라.
다만 그 생각들을 바라보라. 그것이 진정한 멈춤이다."

-라마나 마하르시-

명상이 잘 되지 않을 때가 있다. 눈을 감고 호흡에 집중해 보지만, 어느새 생각은 저만치 흘러가 있다. 마음속에서는 정리되지 않은 생각이 떠오르기도 하고, 풀리지 않은 감정이 올라오기도 한다.

이런 흐트러짐은 자칫 명상의 실패처럼 느껴질 수 있지만, 사실 이렇게 외부 자극 없이 마음이 떠도는 상태를 흔히 '멍때리기'라고 부른다. 겉으로는 멍하니 있지만, 내면에서는 기억과 감정, 상상이 조용히 흘러가고 있는 상태다. 중요한 것은 이런 멍때리는 시간이 단순히 무의미한 것이 아니라, 명상처럼 뇌가 스스로를 조율하는 중요한 시간이 될 수 있다는 점이다. 이 시간 동안 마음은 정리되고,

감정은 소화되며, 말로 설명하기 어려운 통찰이 떠오르기도 한다.

뇌과학에서는 이런 상태에서 활성화되는 뇌의 회로를 '디폴트 모드 네트워크(Default Mode Network, DMN)'라고 부른다. 주의가 외부가 아니라 내면으로 향할 때 작동하는 이 회로는, 자아에 대한 생각, 과거의 기억, 타인의 감정 추론, 상상력, 자기 성찰 등과 연결되어 있다. 즉, 아무것도 하지 않는 듯한 시간에 뇌는 자기 자신을 깊이 돌아보고 있는 것이다.

멍때리기가 무의식적인 흐름에 몸을 맡기는 것이라면, 명상은 그 흐름을 의식의 눈으로 바라보는 일이다. 겉보기에는 둘 다 조용히 앉아 있는 모습일 수 있지만, 내면에서 일어나는 태도는 다르다. 명상은 깨어 있는 주의로, 멍때림은 무의식적 휴식으로 볼 수 있다.

명상에서는 지금 이 순간의 몸, 감각, 생각, 감정을 알아차리며, 자동적인 반응에서 벗어나 있는 그대로를 받아들이는 연습을 한다. 멍때리기는 마음이 쉬어 가는 통로이고, 명상은 마음이 깨어나는 길이다. 이 둘은 서로를 보완하며, 내면의 균형과 회복을 도와준다. 멍때리기를 통해 우리는 무의식의 메시지를 만나고, 명상을 통해 그것을 의식의 빛으로 데려온다.

디폴트 모드 네트워크는 과거에 머무르거나 미래에 과도하게 몰입할 때 불안이나 우울을 유발할 수도 있지만, 동시에 창조성과 자기 성찰의 기반이 되기도 한다. 이 두 가지가 함께할 때 우리는 마음이 한결 가벼워지고, 삶을 더 자연스럽게 받아들일 수 있다.

7

기도와 명상의 차이
기도의 세 가지 방식과 깊이

> "기도는 신성한 존재에게 말을 건네는 것이고,
> 명상은 그 응답을 듣는 것이다."
>
> **ㅡ파라마한사 요가난다ㅡ**

삶에서 예상치 못한 위기가 찾아오거나 마음이 흔들릴 때, 우리는 기도하거나 명상에 들어간다. 마음을 담아 진심으로 임하면 두 방식 모두 마음을 안정시키고 위안을 준다. 회복과 치유를 돕는다는 점에서는 유사하지만, 내면의 방향은 서로 다르다. '잠자는 예언자'로 불리며 많은 영적 통찰을 전한 에드가 케이시는 이 둘을 이렇게 설명한다.

기도는 신께 말씀을 드리는 것이고, 명상은 신의 말씀을 듣는 것이다.

기도는 마음속에 담긴 소망이나 슬픔, 고통, 감사의 마음을 신성한 존재에게 전하는 내면의 행위다. 종교의 유무와 상관없이, 간절한 마음을 담는다면 누구나 기도할 수 있다. 기도는 상처 입은 마음을 어루만지고, 불안한 자아를 진정시키는 힘이 있다. 필자가 어릴 적, 어머니는 이른 새벽에 맑은 물을 그릇에 담아 장독대 위에 올려두곤 하셨다. 당시에는 그 의미를 알지 못했지만, 지금 생각해 보면 그것은 어머니만의 고요하고 간절한 기도의 방식이었다.

뇌의 관점에서 볼 때, 기도는 불안을 유발하는 편도체의 과활동을 진정시키고, 감정과 생각을 조절하는 전전두엽의 기능을 활성화시켜 마음을 차분하게 가라앉히는 데 도움이 된다. 또한 기도 중에는 누군가와 연결되어 있다는 심리적 안정감이 생기면서, 뇌에서 도파민*과 옥시토신** 같은 안정과 기쁨의 신경물질이 분비된다. 이로 인해 몸과 마음이 자연스럽게 이완되며, 깊은 평온감이 찾아온다.

반면, 명상은 외부가 아닌 내면을 향한다. 누구에게 말을 거는 것도, 바람을 드러내는 것도 아니다. 명상은 내면의 가장 깊은 자리와 연결되려는 고요한 시간이다. 어떤 판단이나 기대도 내려놓고, 지

---

* 동기 부여, 즐거움, 보상에 관련된 신경전달물질로, 기쁨과 의욕에 영향을 미친다.
** 신뢰와 유대감을 높이는 신경호르몬으로, 사랑·공감·유대감 형성에 기여한다.

금 이 순간 내면에서 일어나는 감정과 감각을 있는 그대로 바라보고 흘려보낸다.

기도가 외부를 향한 마음의 흐름이라면, 명상은 그 흐름이 멈춘 자리에 고요히 머무는 일이다. 하나는 말하는 것이고, 다른 하나는 듣는 것이다. 이 둘은 상황에 따라 서로 다른 방식으로 우리를 돌아보게 하며, 삶의 혼란 속에서 우리를 본래의 자리로 이끈다.

세 가지 기도 방식에 대한 관점

가장 일반적인 기도의 형태는 자신의 소망을 요청하는 기도일 것이다. 고통스럽거나 어려운 상황에서 간절히 바라는 마음으로 신이나 절대자에게 도움을 구하게 된다. 이러한 기도는 심리적 위안과 안정을 주기도 하지만, 소망을 바탕으로 한 기도는 무의식에 '나는 부족하다'는 인식을 심을 수 있다. 그로 인해 기도의 응답이 지연되거나, 현실로 드러나지 않을 가능성이 크다. 우리가 진심으로 믿지 않는 것은 삶에서 실현되기 어렵다.

두 번째 방법은 이미 이루어진 것처럼 느끼는 기도이다. 이는 '끌어당김의 법칙' 원리와도 연결된다. 그렉 브레이든은 『잃어버린 기도의 비밀』에서 고대의 지혜가 전하는 진정한 기도는 간청이 아니라 '감정과 느낌'이라고 말한다. 예를 들어 비를 위한 기도를 할 때, "비가 오게 해 주세요."라고 말하지 않는다. 대신, 비가 내릴 때의 감각을 떠올린다. 땅에 퍼지는 흙냄새, 피부에 닿는 차가운 물방울, 메마른 들판이 적셔지는 고마운 마음⋯⋯, 그 모든 것을 '지금 이 순간'의 느낌으로 경험하는 것이다.

기도란 바라는 것이 아니라, 이미 받은 것에 감사하는 마음으로 머무는 일이다. 그 상태에서 말없이 감정을 품고, 고요히 그 에너지와 함께 있는 것이다. 그리고 마지막으로, 그 감정을 놓아준다. 결과에 매달리지 않고, 지금 여기에 머무르며 신뢰하는 것이다.

※ 그렉 브레이든이 말하는 '느낌의 5단계 기도법'

- 조용한 공간에 머문다. 외부의 소음을 내려놓고, 지금 이 순간과 연결된다. 마음과 몸을 고요히 가라앉힌다.
- 원하는 바를 명확히 한다. 무엇을 바라는지 분명히 하지만, 말로 간청하거나 반복하지 않는다.
- 이미 이루어졌음을 느낀다. 가장 핵심적인 단계다. 기도는 요청이 아니라, 직접 체험하는 감정의 상태다.
- 감사의 마음으로 머문다. 이미 주어진 것에 대한 깊은 감사의 감정을 느낀다. 감사는 '이미 받았다'는 확신의 표현이다.
- 집착을 내려놓는다. 결과에 집착하지 않고, 이미 이루어졌다는 신뢰 속에서 편안히 놓아 버린다.

우리가 '이미 이루어진 상태'로 느낄 때, 현실이 바뀌는 원리는 양자물리학[*]의 개념으로도 설명된다. 양자물리학에서는 우주의 모든 것이 '입자'이자 동시에 '파동'이라고 본다. 관측되기 전까지는 입자가 아닌, 무한한 가능성의 파동 상태로 존재한다. 그러나 관찰자가 의도를 가지고 그것을 바라보는 순간, 파동은 하나의 형태로 수축되어 현실로 나타난다. 이를 '관찰자 효과'[**]라고 한다. 즉, 우리가 어떤 감정과 인식으로 세상을 바라보느냐에 따라, 현실은 달라질 수 있다는 것이다.

기도 중에 우리가 진심으로 감사, 치유, 충만함을 느낄 때, 그 감정은 단순한 내면의 상태를 넘어서 우주적 파동과 공명하게 된다. 이때, 우리의 내면 에너지와 우주의 파동이 같은 주파수로 진동하면서, 그 진동이 현실이라는 형태로 응답하는 것이다.

세 번째 기도 방식은 모든 것을 내맡기는 기도이다. 이 방식은 간절한 바람도, 상상도 모두 내려놓고, 삶 전체를 맡기는 듯한 기도이기에 '무위(無爲)의 기도'라 부를 수도 있다. '당신의 뜻이 이루어지소서.'라는 상태를 말하며, 더 이상 통제하려 하지 않고, 존재의 흐름

---

[*] 미시 세계의 입자와 에너지를 다루는 물리학 분야로, 입자와 파동의 이중성, 불확정성 원리 등을 포함한다.

[**] 양자역학에서 실험자가 관측하는 행위 자체가 실험 결과에 영향을 준다는 개념으로, 의식이 현실 형성에 영향을 줄 수 있다는 비유로 사용된다.

에 몸을 맡기는 것을 의미한다. 이 기도는 어떤 결과를 얻기 위한 수단이 아니라, 존재 전체와 하나가 되기 위한 행위가 된다. 마더 테레사는 이렇게 말했다.

나는 기도할 때, 더 이상 신께 무언가를 구하지 않습니다.
단지 그분 안에 잠잠히 머물 뿐입니다. 그것이 기도입니다.

이 말은 기도가 말이 아닌 침묵과 머무름이 될 때, 비로소 내맡김의 깊은 차원으로 들어간다는 뜻이다. 또한 마태복음 26장 39절에서 예수는 이렇게 기도한다.

내 뜻대로 마시옵고, 아버지의 뜻대로 하옵소서.

이 기도는 자신의 뜻을 내려놓고 존재에 온전히 항복하는 마음을 담고 있으며, 기도가 욕구를 넘어서 신뢰와 통합으로 나아가는 길임을 보여 준다.

내맡김의 기도는 삶이 '부족하고 결핍된 상태'가 아니라, 이미 성장에 필요한 모든 것을 갖춘 '완전하고 충분한 상태'임을 신뢰하는 내면의 지혜를 담고 있다는 점에서, 가장 강력한 기도 방식이라 여겨진다. 그 어떤 바람도, 성취도 내려놓은 채 존재 자체에 대한 깊은 수용과 믿음이 깃들 때, 삶은 더 이상 채워야 할 무언가가 아니라,

지금 이대로 의미 있는 여정이 된다.

끌어당김이 안 되는 이유

많은 사람이 끌어당김의 법칙을 믿고 실천하지만, 현실에서 모든 바람이 그대로 이루어지는 것은 아니다. 왜 그런 걸까?

먼저, 의식과 무의식 사이의 차이를 들 수 있다. 표면적으로는 원하고 있지만, 무의식이 그 바람을 받아들이지 않는 경우가 있다. 예를 들어, 의식은 부자가 되기를 바라지만, 무의식 안에는 '나는 가난해.'라는 믿음이 자리 잡고 있다면, 그 바람은 실현되기 어렵다. 의식이 아무리 간절해도, 무의식의 저항이 강하면 마음의 에너지는 분열되고 만다. 이런 경우에는 내면에 자리한 부정적인 믿음을 알아차리고, 그것을 놓아주는 연습이 필요하다. 끌어당김이 작동하지 않는 이유는 '의지 부족'이 아니라, 무의식의 거부일 수 있다.

또 하나는, '바란다'는 마음이 동전의 양면처럼 '지금은 그것이 없다'는 결핍의 상태를 드러낸다는 점이다. 무언가를 간절히 원할수록, 마음은 '나는 아직 그것을 갖지 못했다'는 인식에 머물게 된다. 그래서 중요한 것은 '갖고 싶다'는 바람이 아니라, '이미 갖고 있다'는 상태에 머무는 것이다. 이런 마음의 상태는, 마음챙김에서 말하는

지금 이 순간에 대한 수용과 감사와도 연결된다. 갖고자 하는 바람
이 아니라, 이미 충분하다는 느낌에서 비롯된 감정이야말로 끌어당
김의 진짜 힘이다.

또 다른 중요한 것은 자아의 욕망과 영혼의 바람 사이의 차이에
있다. 자아의 욕망은 결핍이나 불안, 경쟁심에서 비롯되기 쉽다. 무
언가를 얻어야만 존재의 가치를 증명할 수 있다는 착각 속에서, 자
아는 끊임없이 더 많은 것을 추구한다. 그러나 우리의 영혼은 더 큰
삶의 목적을 알고 있으며, 그 방향으로 우리가 나아가도록 인도한
다. 예를 들어, 영혼이 '공감'이나 '인내'를 배우고자 한다면, 삶은 성
공보다 실패라는 경험을 통해 그 배움을 이끌어 낼 수 있다. 실패를
통해 우리는 자신의 부족함과 한계를 깊이 이해하게 되며, 그만큼
타인에 대한 공감도 넓어지기 때문이다. 이처럼 영혼의 바람은 외
적 성취보다는 내면의 성숙에 더 큰 가치를 둔다.

1. 현존은 불안과 결핍에서 벗어나 삶의 기쁨을 회복하게 하는 최고의 '소확행'이다.

- 지금 이 순간에 온전히 머무를 때, 우리는 평화와 고요, 충만함을 경험하게 된다.
- 몸과 뇌, 마음이 이완되고 정화되며, 자기 연민과 통합의 힘이 자연스럽게 자라난다.

2. 호흡은 몸과 마음, 의식을 하나로 모아 '지금 여기'에 머무르게 해주는 현존의 문이다.

- 호흡에 집중하면 자아의 작용이 느슨해지고, 몸과 마음은 점차 이완되며 고요해진다.
- 그 순간 우리는 생각의 소음을 넘어, 존재의 충만함과 내면의 평화를 경험하게 된다.

3. 호흡명상은 무의식에 억눌린 감정을 드러내고 치유하는 통로가 된다.

- 고요한 호흡 속에서 잊힌 감정들이 떠오를 때, 그것을 있는 그대로 느끼고 수용하는 것이 정화의 시작이다.

- 억눌린 감정을 알아차리고 함께 있어 줄 때, 우리는 과거의 지배에서 벗어나 내면의 자유를 회복하게 된다.

4. 명상은 생각을 멈추는 훈련이 아니라, 있는 그대로의 나와 함께 머무는 연습이다.

- 처음에는 불편함과 생각의 소란이 자연스럽게 올라오지만, 그것조차도 명상의 일부로 받아들이는 것이 중요하다.
- 중요한 것은 잘하려는 마음보다, 조급함 없이 지속하며 자기를 있는 그대로 수용하는 태도다.

5. '지금 여기'에 머무는 연습은 일상의 불안을 평온과 충만함으로 전환하는 길이다.

- 감정과 생각을 관찰하고, 몸의 감각과 호흡, 오감을 통해 현존을 회복할 때 마음은 점차 이완된다.
- 삶의 순간순간이 명상이 되고, 그 속에서 우리는 이미 갖고 있던 내면의 평화를 다시 만난다.

6. 멍때리기는 무의식의 흐름을 열어 주고, 명상은 그 흐름을 의식의 빛으로 데려오는 길이다.

- 멍때리는 동안 뇌의 디폴트 모드 네트워크가 활성화되어 마음은 정리되고 통찰이 떠오르기도 한다.
- 명상은 이 무의식적 흐름을 자각하며 바라보는 훈련으로, 내면

의 회복과 성찰을 돕는 의식의 길이다.

7. 기도는 바라는 마음을 담아 신성과 연결되는 길이고, 명상은 그 응답을 조용히 듣는 내면의 통로다.

- 기도는 위안을 구하고 내면을 열며, 감정과 에너지의 흐름을 움직이게 한다.
- 명상은 침묵 속에서 존재와 하나 되는 길이다.
- 기도와 명상, 둘은 방향은 다르지만 마음의 평화를 향해 함께 나아간다.

3장

감정 치유를 위한 마음챙김: 몸과 무의식 정화

1

부정적 감정은
과거 기억의 흔적

"당신이 세상에서 보는 모든 것은
당신 자신의 반영이다."

—루이스 헤이—

우리는 일상 속에서 다양한 감정을 경험하며, 비슷한 상황에서 비슷한 감정을 느낀다. 누군가 새치기를 하면 짜증이 일고, 중요한 발표나 시험을 앞두고 있을 때는 불안하고 긴장이 올라온다.

그러나 감정의 강도나 반응 양상은 개인에 따라 다르게 나타난다. 예를 들어, 산책 중 강아지가 갑자기 달려드는 상황을 상상해 보자. 대부분은 순간적으로 놀라며 방어적인 반응을 보이겠지만, 어릴 적 강아지에게 물린 기억이 있는 사람이라면, 그 기억이 무의식 속에서 되살아나 훨씬 더 강한 감정 반응으로 이어질 수 있다.

이처럼 현재의 자극에 대한 감정 반응에는 과거의 기억이 깊이 작용한다. 이 장에서는 지금 일어난 일에 대한 자연스러운 감정 반응을 '1차 감정', 과거의 경험과 연결되어 증폭되거나 왜곡된 감정 반응을 '2차 감정'이라고 구분하고자 한다. 이 구분은 감정의 뿌리를 이해하고 치유하기 위한 내면 작업의 첫걸음이 된다.

우리는 과거에 이해되거나 통합되지 못한 '내면아이'[*]의 불안, 분노, 슬픔, 외로움, 두려움과 같은 감정적 상처를 무의식에 품은 채 살아간다. 정신분석 전통에서는 이를 '빙산' 비유로 설명하곤 한다. 우리가 인식하고 있는 생각이나 감정은 외부로 드러난 마음의 일부일 뿐이며, 실제로 마음을 움직이는 힘은 대부분 무의식이라는 깊은 바닷속에 잠겨 있다는 뜻이다.

내면아이가 품고 있는 부정적 감정들은 평소에는 드러나지 않지만, 과거와 유사한 상황을 경험할 때 무의식에서 표면으로 떠올라 외부로 표출된다. 이러한 2차 감정이 일어나는 이유는, 무의식이 자신을 드러내어 우리가 억눌러 온 감정을 치유하고 통합하도록 돕기 위해서다. 그러나 우리가 그 신호를 알아차리지 못하면, 감정을 일으킨 외부의 대상이나 상황을 탓하게 된다. 그럴 경우 감정은 치유되지 못한 채 다시 무의식 깊숙이 숨어들고, 비슷한 상황이 반복될

---

[*] 어린 시절의 경험과 감정이 내면에 그대로 남아 있는 무의식적 자아.

때 또다시 모습을 드러내게 된다. 이것이 우리가 유사한 상황에서 비슷한 감정을 되풀이하는 이유다.

"세상은 마음을 비추는 거울이다."라는 말이 있다. 우리가 외부의 대상을 통해 경험하는 모든 감정은 그 대상에서 비롯된 것이 아니라, 우리 안에 이미 잠재된 감정과 공명하며 드러나는 것이다. 우리 안에 없는 것은 결코 바깥에서 느낄 수 없다. 아기의 맑은 눈을 보며 무한한 사랑을 느끼는 것은, 그 맑고 무한한 사랑이 우리 안에도 있기 때문이며, 소방관이 죽음을 무릅쓰고 불길 속으로 뛰어드는 모습을 보며 감동하는 것은, 우리 안에 숭고한 희생정신이 깃들어 있기 때문이다. 마찬가지로, 작은 일에도 쉽게 짜증을 내거나 분노하게 되는 것은, 우리 안에 눌려 있던 분노가 여전히 남아 있기 때문이다.

일상에서 경험하는 1차 감정은 그저 있는 그대로 알아차려 주면 된다. 그러나 상황에 비해 감정적 반응이 과도하게 나타나는 2차 감정이 일어날 때는, 인식의 방향을 외부의 대상이나 상황에서 내면으로 돌리는 연습이 필요하다. 만일 분노가 일어났다면, 가만히 몸의 반응을 살펴본다. 심장 박동이 빨라지고, 호흡은 짧고 거칠어지며, 어깨가 올라가고 근육은 긴장되거나 떨릴 수도 있다. 이 순간이 바로, 무의식 속에 감춰진 내면아이를 치유할 수 있는 기회다. 그 감정을 외부로 투사하지 않고, 있는 그대로 느끼고 품어 주는 것이다.

우리는 불편한 감정을 표현하거나 억누르는 데 익숙해져 있기 때문에, 처음에는 어색하고 낯설게 느껴질 수 있다. 그러나 그 감정을 판단하거나 고치려 하지 말고, 함께 머물며 느껴 주면, 내면아이는 조용히 위로받고 조금씩 마음을 풀기 시작한다.

어릴 때 트라우마나 내면아이의 상처가 생기는 이유는, 그 아이의 미숙한 의식으로는 당시의 복잡한 상황을 제대로 이해할 수 없었기 때문이다. 예를 들어, 부모의 잦은 다툼을 목격했다고 하자. 아이는 '내가 뭔가 잘못해서 엄마 아빠가 싸운다'고 자신의 탓으로 받아들이고, 그것을 내면화한다. 이렇게 형성된 믿음은 불안, 자기 비난, 낮은 자존감으로 이어지고, 내면아이가 치유되기 전까지는 성인이 되어서도 계속 영향을 미친다.

2차 감정을 느낄 때, 그것을 온전히 수용하고 느껴 주는 연습을 하다 보면 감정은 점차 가벼워진다. 개인차는 있겠지만, 충분히 수용하고 반복해서 마주할수록 불편한 감정의 강도는 점점 약해질 것이다. 그 감정은 나에게 이해받기 위해 되돌아온 것이며, 마주함으로써 그 순환을 멈출 수 있다.

이제 과거의 상처를 치유하고 통합할 시간이다. 마음속으로 그때의 상황을 떠올려 보자. 그 장면 속, 힘겨워하는 과거의 자아는 여전히 그때의 감정, 그때의 모습 그대로 머물러 있을 것이다. 지금의 내가 천천히 과거의 자아에게 다가가 위로하고, 안아 준다. "많이 힘들지. 이제 괜찮아."라고 말하며, 조용히 곁에 머문다.

슬픔이 올라오거나 눈물이 날 수도 있다. 그것은 과거에 충분히 울지 못하고, 위로받지 못한 자아가 이제야 감정을 풀어내는 과정이다. 그 감정을 억누르지 말고, 있는 그대로 충분히 느껴 준다. 과거의 자아가 위로받고 울음을 멈출 때까지, 조용히 함께 있어 준다. 이러한 과정을 반복하다 보면, 기억은 남아 있지만, 그 안에 머물던 감정은 점차 해소되고 통합된다.

우리 무의식 속에는 과거의 상처를 품은 여러 자아가 존재한다. 그 자아들을 더 자주 알아차리고, 해소되지 못한 감정을 하나씩 통합해 줄수록 내면은 점점 밝아지고 확장된다. 그렇게 내면이 정화되면, 일상 속에서 부정적 감정을 유발하던 상황 앞에서도 예전처럼 쉽게 흔들리지 않게 된다. 감정적 반응은 줄어들고, 삶을 대하는 태도에도 여유가 생긴다. 비로소 과거의 지배로부터 벗어나, 지금 이 순간을 살아갈 수 있는 자유가 열린다.

자동차 안에서 만난 내면아이

필자는 한때 운전 중, 방향지시등도 없이 갑자기 끼어드는 차를 보면 마음속에서 분노가 치밀곤 했다. 끼어든 차에게 경적을 울리거나 상향등을 깜빡이며 항의했고, 때로는 같은 방식으로 되갚기도 했다.

그러던 어느 날, 명상 중에 문득 '왜 그렇게 분노하게 되는가'를 바라보게 되었다. 그 감정 뒤에는 과거에 무시당했다고 느낀 기억들이 작용하고 있음을 알게 되었다. 왜소한 체격으로 중학교 시절 괴롭힘당한 경험, 군대에서 선임에게 당한 억울함 등, 나의 안전한 경계를 침범당한 기억 속 자아가 여전히 분노하고 있었다. 그 자아는 자동차가 방향지시등 없이 갑자기 끼어드는 상황을, 과거의 위협처럼 받아들이고 있었던 것이다. 안전거리를 무시당한 그 순간, 내면 깊숙한 곳에서 분노가 일었다.

그 분노를 억누르지 않고, 충분히 이해하고 다독이며 치유해 주었다. 그러자 점점 그 반응은 사라지기 시작했다. 지금은 차가 끼어들더라도 순간적인 반응만 일어날 뿐, 이전에 느꼈던 강한 분노는 더 이상 따라오지 않는다. 그리고 그 1차 반응조차 금세 가라앉도록, 마음속으로 이렇게 말한다.

'깜빡이 켜는 걸 깜빡했겠지.'

그렇게 운전은 훨씬 더 평온해졌다.

"과거의 상처를 치유하고 통합하기"

1. 감정 알아차리기

- 평상시 자주 경험하는 불편한 감정은 무엇인가요?

  예) 불안, 억울함, 외로움, 두려움, 분노, 수치심, 허탈감 등

➡

- 그 감정은 몸의 어디에서 가장 크게 느껴지나요?

  예) 가슴, 배, 목 등

➡

2. 감정 돌아보기

- 예전에 그 감정을 느꼈던 기억이 있나요?

- 어떤 일이 있었고, 그때 나는 어떤 마음이었을까요?

- 감정적으로 더 강하게 남아 있는 장면부터 적어 보세요.

➡ 기억 1:

➡ 기억 2:

➡ 기억 3:

3. 과거의 나와 대화하기(감정 해소 연습)

■ 그 장면을 떠올리며, 지금의 내가 과거의 '작은 나'에게 다정히 말을 건넵니다.

■ 아래 문장들을 반복하며, 상처받은 나를 다정히 안아 주세요.

♥ "많이 힘들었지? 네가 울고 싶었던 이유를 알아."

♥ "그때 아무도 도와주지 않았지만, 이제 나는 네 편이야."

♥ "그때 (그 일은) 네 잘못이 아니야."

➡ 내가 지금 해주고 싶은 말:

4. 감정 통합의 선언

■ 과거의 나와 마음을 나누고 나면, 이제는 내 감정을 안아 주고 받아들이는 시간을 가져 봅니다. 다음 문장을 천천히, 마음을 담아 읽어 보세요.

♥ "나는 나의 모든 감정을 이해하려고 노력합니다."

♥ "나는 과거의 나를 비난하지 않고, 안아 줍니다."

♥ "나는 나에게 안전한 공간이 되어 줍니다."

♥ "나는 자유롭고 평화로운 존재입니다."

➡ 지금 내 마음에 가장 와닿는 나만의 선언문 한 줄:

5. 오늘의 통찰 또는 감정 변화

■ 이 시간을 통해 지금 어떤 감정의 변화가 있었나요?

■ 또는 새롭게 떠오른 마음이나 깨달음이 있다면 적어 보세요.

➡

"내면아이를 안아 줄 때, 지금의 나도 함께 치유됩니다."

2

몸을 통한 무의식 정화
통증, 질병에 대한 새로운 관점

"질병은 우리 자신과 삶의 방식,
그리고 내면의 진실 간의 불일치에서 비롯된다."

―디팩 초프라―

| 감정 억압·무시 | ➡ | 에너지 폐색 | ➡ | 증상 | ➡ | 신체적·정신적 질병 |

현대 신경과학과 정신분석 이론은 감정이 단지 뇌에서만 처리되는 것이 아님을 밝히고 있다. 특히 감정은 자율신경계, 근육, 내장 기관과 밀접하게 연결되어 있다. 우리가 억눌렀던 분노, 두려움, 슬픔과 같은 감정은 처리되지 않으면, 에너지 형태로 신체의 특정 부위에 긴장이나 통증, 무력감으로 남는다.

일부 수행 전통에서는 자아를 억누르거나 부정하는 방식이 강조되곤 한다. 그러나 자아를 없애야 할 대상으로 여기는 태도는, 오히려 내면의 감정을 왜곡하고 억압하게 만든다. 이렇게 밀려난 감정은 의식에서 사라지지 않고, 다른 형태로 드러나며 우리 삶에 영향을 미친다.

알아차리지 못하거나 억눌린 감정, 처리되지 않은 내면의 상처들은 종종 몸이라는 통로를 통해 드러난다. 예를 들어, 지속적인 긴장은 어깨 통증으로, 억눌린 분노는 위장 질환으로, 억제된 슬픔은 가슴의 답답함으로 나타난다. 그럼에도 우리는 몸의 통증을 단지 불편하고 빨리 없애야 할 증상으로만 인식하는 경향이 있다. 그 결과 통증의 원인은 외면한 채, 드러난 결과만을 없애려 한다. 이는 그리스 신화 속 괴물 히드라의 머리를 자르는 것과 비슷하다. 히드라는 머리를 자르면 또 다른 머리가 자라난다. 우리의 무의식 속에 억압되거나 무시된 감정과 트라우마 역시 처리되지 않으면, 다른 방식의 통증으로 반복되어 나타날 수 있다.

마음챙김의 관점에서는 통증을 무의식에서 오는 메시지, 또는 내면이 보내는 신호로 본다. 목·어깨 통증은 무거운 짐처럼 느껴지는 책임감의 부담, 가슴 통증은 슬픔과 억눌린 감정, 위·장의 통증은 걱정과 불안처럼 소화되지 않은 감정들, 허리 통증은 생존에 대한 두려움과 같은 삶의 기반에 대한 부정적 감정에서 비롯될 수 있다고 여겨진다.

에드가 케이시는 "몸의 병은 단지 마음과 영혼의 상태가 외부로 드러난 것일 뿐이며, 모든 치유는 자기 자신과의 조화, 신과의 조화를 되찾는 데 있다."라고 말했다. 통증이나 질병이 손님처럼 삶에 찾아올 때, 우리는 그것을 새로운 관점으로 바라볼 필요가 있다. 저항하거나 무시하거나, 빨리 없애야 할 불편한 대상으로만 보지 말고, '내면 치유를 위한 변화의 메시지'로 받아들여야 한다. 그동안 자신과 가족을 위해 쉼 없이 살아왔지만, 내면은 조용히 말하고 있다. "이제는 나를 돌아봐야 해. 놓치고 있는 게 있어. 삶의 방향을 다시 살펴봐야 해." 통증과 질병은 그렇게 우리의 내면이 보내는 절실한 신호일 수 있다.

우리의 내면은 늘 '느낌'이라는 방식으로 신호를 보낸다. 어려운 일을 잘 해냈을 때는 뿌듯함으로 보상해 주고, 게으름 때문에 일을 미루고 있을 때는 불편한 느낌으로 알려 준다.

억압된 감정도 마찬가지이다. 감정이 억압되거나 무시되면, 감정 에너지가 흐르지 못하고 신체의 특정 부위에 머물게 된다. 오랫동안 감정 에너지가 정체되면, 내면은 좀 더 강한 신호를 보내기 시작하는데, 그것이 몸의 통증이나 불편함으로 나타날 수 있다. 우리가 그 목소리에 귀 기울이지 않고 계속 무시하거나 방치하면, 결국 만성 질환이나 우울, 불안과 같은 신체적 · 정신적 문제로 이어질 수 있다.

후성유전학*의 등장은, 질병이 유전적으로만 결정되는 것이 아님을 밝혀냈다. 후성유전학에 따르면 유전자는 단백질을 만들기 위한 설계도이며, 어떤 유전자가 켜질지 혹은 꺼질지는 후성유전적 메커니즘에 의해 결정된다고 한다.

세계보건기구(WHO)는 성인 질병의 큰 비중이 환경, 생활 습관, 정서적 스트레스 등 후천적 요인으로 인해 발생한다고 밝혔다. 또한 유전자가 100% 일치하는 일란성 쌍둥이도 서로 다른 환경에 노출될 경우, 각기 다른 질병을 겪을 가능성이 높다는 사실도 밝혀졌다. 이것은 유전자 자체보다 환경, 감정, 그리고 삶의 방식이 질병의 발생을 좌우하는 핵심 변수임을 시사한다.

그렇다면 이제 몸을 통해 무의식을 정화하는 방법을 알아보자.

첫째는 몸의 신호를 알아차리고 그대로 느껴 주는 것이다. 자리에 앉거나 누운 상태에서 몸을 천천히 스캔하며 불편한 곳이 있는지 살펴본다. 어느 한 부위에 불편함이 감지되더라도, 가만히 앉거나 누워 있는 그대로를 유지하는 것이 중요하다. 편안하게 호흡하며 그 감각에 집중한다. 아무런 비판이나 판단 없이 '가슴이 답답하

---

* 유전자의 DNA 염기서열은 변하지 않지만, 유전자의 발현 여부가 환경·식습관·스트레스 등에 의해 조절되는 생물학적 메커니즘.

구나.', '위장이 조여드는 느낌이다.'라고 말없이 알아차리며, 바꾸려 하지 않고 그저 그 느낌과 함께 있어 준다.

두 번째는 감정의 흐름을 허용하고 수용하는 것이다. '이 불편함이 나에게 전하고자 하는 메시지는 무엇일까?'라고 스스로에게 조용히 질문을 던져 본다. 그렇게 가만히 질문을 이어 가다 보면 감정이 떠오를 수 있다. 그 감정을 억누르지 않고, 있는 그대로 느끼며 충분히 함께해 준다. 눈물이 흐르거나 몸이 미세하게 떨릴 수도 있다. 이러한 반응은 억눌렸던 감정 에너지가 정화되고 있다는 신호다.

마지막은 나의 자아를 위로하고 무조건적인 사랑을 보내는 것이다. 불편한 몸과 감정과 충분히 함께해 주면, 점차 몸과 마음이 가벼워지고 편안해진다. 그때 나의 자아에게 따뜻한 위로의 말을 건네 본다. "많이 힘들었지. 괜찮아. 고마워." 그리고 자신과 몸에게 사랑을 전한다. 불편한 신체 부위부터 시작해 몸의 구석구석을 느끼며 사랑을 전달해 본다. 모든 세포 하나하나가 사랑의 에너지로 충만해지는 모습을 상상해 보자. 따뜻한 빛이 몸 전체를 감싸고, 생명 에너지가 온몸에 퍼져 나가며, 몸과 마음은 다시 조화를 되찾는다.

위장에 쌓인 표현하지 못한 감정들

필자는 젊었을 때 지독한 소화불량에 시달렸다. 사상의학에서 말하는 전형적인 소음인[*] 체질이어서 소화기가 약했고, 불안과 걱정을 달고 살았다. 병원에서 내시경 검사를 받아 보았지만, 의사는 위에 아무 이상이 없는데 왜 검사를 받았냐고 핀잔을 주기도 했다.

소화와 흡수가 제대로 되지 않으니 늘 저체중에 시달렸고, 힘도 없었으며, 자신감도 부족했다. 대학 졸업 후 취업 과정에서 마지막 관문은 신체검사였는데, 저체중으로 인해 탈락할지도 모른다는 걱정에 물병 두 개를 외투 주머니에 넣고 체중을 재기도 했다. 다행히 담당자는 외투를 벗으라는 말을 하지 않았다.

직장 생활은 몸과 마음의 부조화를 더욱 심화시켰고, 급기야 식사만 하면 화장실로 뛰어가야 하는 지경에 이르렀다. IMF 시기에 어렵게 구한 직장이었지만, 마침내 퇴사를 결심했고, 몸과 마음의 균형을 찾고자 영성의 길로 들어서게 되었다. 그리고 수행을 하며 위장병의 근본 원인을 알아차릴 수 있었다. 그것은 바로 자신을 표현하지 못하고 억눌러 온 감정이었다. 내성적인 성격의 영향도 있

---

* 조선 후기 이제마의 사상의학 이론에서 정의한 체질 유형 중 하나로, 위장이 약하고 신경이 예민한 경향을 지닌다.

었지만, 더 큰 원인은 성장 과정 중 겪은 두 가지 경험에 있었다.

초등학교 6학년 운동회 연습 중 실수를 했는데, 체육 담당 선생님이 전교생이 보는 앞에서 뺨을 때렸다. 나는 넘어진 채 코피를 쏟았고, 그 일은 큰 수치심으로 남아 사람들 앞에 서는 것을 두렵게 만들었다. 또 하나는 그 무렵 송곳니에 덧니가 생기면서 시작되었다. 친구들은 나를 '드라큘라'라고 놀렸고, 덧니가 보일까 봐 말을 줄이고 웃음도 억제하게 되었다. 자연스럽게 흘러야 할 감정을 억누르고 감춘 결과, 그 감정 에너지가 위장으로 향했던 것이다.

비록 위장병의 원인을 알아차리게 되었지만, 감정을 자연스럽게 표현하고 흐르게 하는 일은 또 다른 도전이었다. 그리고 두렵지만, 사람들 앞에 서는 일이 그것을 극복하는 최선의 방법임을 깨달았다. 그 뒤 우연인지 필연인지, 사람들 앞에 서는 일을 하게 되었고, 그 과정에서 자연스레 감정을 표현하고 흐르게 하는 훈련을 할 수 있었다. 이제 50대 중반에 들어선 지금, 젊었을 때보다 훨씬 더 건강하고 활기찬 삶을 살고 있다.

영혼과 자아,
두 몸의 조화

"자아는 당신이 창조한 가면이다.
진짜 당신은 그 너머에 있다."

―오쇼 라즈니쉬―

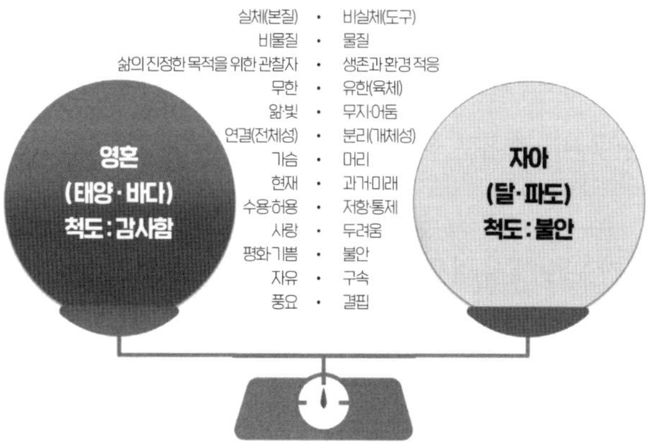

우리가 가진 감정의 정체를 깊이 이해하려면, 인간이란 어떤 존재인지 먼저 탐구해 볼 필요가 있다. 인간은 흔히 '반수반신(半獸半

神)'이라 불린다. 심리학자 칼 융(Carl Jung)은 인간을 동물성과 신성을 동시에 지닌 존재로 보았고, 철학자 니체(Friedrich Nietzsche)는 인간을 동물과 초인 사이의 줄 위에 선 존재로 표현했다.

인간의 몸은 약 600~700만 년 전 침팬지와 공통 조상에서 분기되어 진화해 왔다. 오랜 세월 동안 생존에 적합하도록 발전해 온 이 몸은 수많은 본능과 지혜를 담고 있다. 칼 융은 자아를 '몸에 기반한 의식'으로 보았으며, 이 자아의 가장 중요한 목적은 생존에 있다고 하였다.

자아는 생존을 위해 두려움, 불안 같은 감정을 일으켜 주변을 경계하게 하고, 미래를 대비하게 만든다. 외부로부터 안전이 위협받는 상황이 감지되면, 자아는 편도체와 자율신경계를 활성화시켜 즉각적인 스트레스반응을 유도한다. 이때 근육은 긴장되고, 심박수와 혈압은 올라가며, 호흡은 빨라지고, 소화 기능은 일시적으로 멈춘다.

우리가 일상에서 불편하게 느끼는 이러한 생리적 변화는, 사실 자아가 우리를 지키기 위해 끊임없이 작동하고 있다는 신호라고 볼 수 있다. 동물로부터 이어받은 자아의 욕구는 생존과 안전을 넘어서, 번식, 경쟁, 소유, 지배 등 다양한 형태로 나타난다. 이러한 욕구는 삶의 추진력이 되기도 하며, 개인의 성장과 발전을 자극하는 동인이 된다.

그러나 욕구가 지나치면 중독, 집착, 폭력으로 이어지고, 집단적으로 작용할 경우 전쟁이라는 비극으로까지 발전할 수 있다. 이러한 관점에서 볼 때, 인류의 역사가 곧 '전쟁의 역사'였다는 사실은 인간 내면에 자리한 동물적 본능이 얼마나 강하게 작동해 왔는지를 보여 주는 한 단면일 수 있다.

하지만 자아만으로는 삶 전체를 설명할 수 없다. 파도처럼 일렁이는 자아의 이면에는, 신성을 품은 더 깊은 차원의 의식—영혼이 존재한다. 문화와 전통에 따라, 그것을 참나, 본성, 불성, 순수의식 등 다양한 이름으로 부른다. 이 영혼은 우리의 존재 그 자체이며, 본질적으로는 자아가 뿌리를 두고 있는 근원이라 할 수 있다.

일상 속에서 영혼은 쉽게 드러나지 않는다. 감정과 생각의 배경에서 조용히 머무는 '관찰자'로 존재하기 때문이다. 하지만 아주 가끔, 영혼은 자신의 존재를 조용히 알려 온다. 우리가 순수한 사랑, 기쁨, 감사, 희망 같은 감정을 느낄 때, 그것은 영혼이 "나 여기 있어. 이 길을 따라가."라고 속삭이는 순간이다. 영혼은 가슴에서 일어나는 따뜻한 감각으로 말을 건네며, 삶의 방향을 안내한다.

태양과 달은 영혼과 자아의 관계를 상징적으로 잘 드러내 준다. 영혼이 태양이라면, 자아는 달에 비유할 수 있다. 태양은 스스로 빛을 내지만, 달은 태양 빛을 반사하는 존재일 뿐이다. 달빛이 태양 없이 존재할 수 없듯, 자아도 영혼 없이는 존재할 수 없다.

또한 태양은 늘 같은 모습으로 빛을 내지만, 달은 초승달, 반달, 보름달, 그믐달처럼 계속해서 모습을 바꾼다. 이는 감정과 생각에 따라 시시각각 변하는 자아의 특성과 닮아 있다. 보름달이 지나면 점점 작아지고, 그믐달이 지나면 다시 차오르듯, 우리의 여정에도 성장과 침체가 주기처럼 반복된다. 이러한 리듬은 삶의 흐름과도 유사하다. 그리고 달의 모양이 지구와 태양 사이의 위치에 따라 달라지듯, 자아의 정체성도 상황과 관계에 따라 변한다. 자아는 고정된 실체가 아니라, 끊임없이 바뀌는 상대적인 존재일 뿐이다.

영혼과 자아는 바다와 파도로도 비유할 수 있다. 바다와 파도는 언제나 하나이며, 결코 분리된 적이 없다. 하지만 잠시 일어났다 사라지는 파도는 자신을 실체로 착각하고, 바다와는 분리된 존재라고 인식한다. 우리 삶의 불행과 괴로움은 바로 여기서 비롯된다. 자아가 전체로부터 분리된 개체라고 믿기 때문에, 생존과 적응을 위한 투쟁 속에서 삶을 바라보게 되는 것이다. 그렇게 자아는 삶을 기쁨이 아닌 '투쟁의 장'으로 인식하며 살아간다.

우리가 영혼에서 오는 빛을 보지 못하는 이유는 무엇일까? 그것은 마치 개기일식 때 달이 태양을 가리듯, 일상에서도 자아가 앞에 서면 영혼의 빛이 가려지기 때문이다. 자아가 아무리 힘들고 어두운 삶의 터널을 지나고 있을지라도, 그 너머에는 늘 밝게 빛나는 영혼이 우리를 응원하며 기다리고 있음을 잊지 말자.

동물적 욕구, 즉 자아의 욕구가 삶을 지배할 때, 개인은 신체적·정신적 증상이나 질병을 겪게 된다. 그것은 매우 불편하고, 빨리 없애야 할 대상으로 여겨질 수 있지만, 그 깊은 이면에는 '삶의 조화를 회복하라'는 영혼의 메시지가 담겨 있다.

삶의 조화를 되찾는 첫걸음은 내면의 목소리에 귀 기울이는 것이다. 그것이 바로 명상이며, 영혼과 다시 연결되는 길이다. 명상 중 자아의 소음이 잦아들면, 그 너머에 가려져 있던 영혼이 다시 깨어난다. 그때 우리는 영혼의 속삭임을 들을 수 있다. 그 소리는 논리나 언어가 아닌, 깊은 침묵과 감각으로 전달된다. 때론 눈물로, 때론 설명할 수 없는 평화로 다가온다.

그렇게 애쓰지 않아도 괜찮아. 너는 이미 완전한 존재야.
모든 아픔은 성장의 과정이야. 나는 늘 너와 함께 있었단다.
너는 이미 충분해. 너의 본래 모습은 사랑과 평화야.

영혼은 창조의 씨앗을 품고 있고, 자아는 그것을 세상에 실현하는 통로가 된다. 영혼의 목적이 사랑으로 충만한 삶이라면, 자아는 그 사랑을 현실 속에서 구현한다. 영혼은 내면과 현실이 공명할 때 깊은 기쁨을 느낀다. 그 둘은 결코 분리된 것이 아니며, 수레의 양 바퀴처럼 삶을 균형 있게 굴러가게 하는 힘이다.

한쪽이 지나치게 크거나 작으면, 삶은 균형을 잃고 흔들리게 된다. 우리가 육안으로 보는 태양과 달의 크기가 같아 보이는 것도, 어쩌면 영혼과 자아, 이 두 몸의 조화를 이루라는 우주의 메시지일지 모른다. 일상에서 자아의 목소리가 커질 때, 명상이나 호흡, 자연과의 접촉을 통해 영혼과 다시 연결되는 시간을 가져 보자. 둘 사이의 균형이 무너지면, 삶은 점점 무겁고 버거워진다.

필자의 경우, 알아차림은 불안과 감사라는 두 감정을 통해 일어난다. 불안을 느낄 때는 자아가 활성화된 상태이고, 감사함을 느낄 때는 영혼과 연결된 순간이다. 이때 우리 내면은 이렇게 속삭인다.

있는 그대로의 너는 이미 충분하고, 자유롭고, 충만한 존재야.

에크하르트 톨레는 『삶으로 다시 떠오르기』에서 말한다.

인간은 지금까지 생물학적 존재로 진화해 왔지만,
이제는 영혼이 깨어난 존재로 진화해야 할 시점에 도달했다.

이제 우리 모두는 자아가 만드는 생존과 지배의 시대를 넘어, 영혼의 언어인 사랑과 평화의 존재로서 살아가야 할 때다. 그 첫걸음은 내 안에서부터 시작된다. 영혼과 자아, 그 내면의 균형이 이루어질 때, 세상 또한 비로소 조화롭게 변화할 수 있다.

4

영혼과 자아의 조화를 위한
마음챙김

"있는 그대로를 수용할 때, 우리는 더 이상 싸우지 않는다.
그 자리에서 치유가 시작된다."

−아잔 브람−

영혼과 자아가 조화와 균형을 이룰 때, 몸과 마음은 회복되고, 삶에는 더 많은 평화와 기쁨이 찾아온다는 것을 이해하게 되었다. 그렇다면, 일상에서 어떻게 하면 영혼과 자아의 조화를 이룰 수 있을까?

알아차림

우리는 일상에서 수많은 생각과 감정을 경험한다. 하지만 그것을 알아차리지 못할 때, 생각과 감정은 곧 '나'와 동일시된다. 특히 부정적인 감정이 '나'와 하나가 되면, 우리는 무의식적으로 그것을 억누르거나 저항하게 되고, 그 과정에서 많은 에너지를 소모하게 된다.

흐르는 물을 막으면 오히려 더 큰 문제가 생기듯, 감정 또한 막기보다 그저 흘러가도록 놓아두는 것이 필요하다. 감정을 흘려보내는 가장 좋은 방법은, 불편한 감정을 알아차리고 그저 느껴 주는 것이다.

판단하거나 바꾸려 하지 않고, 있는 그대로 받아들이며 느껴 주는 것, 바로 그것이 감정을 자연스럽게 흘러가게 한다. 불편한 감정은 잘못된 것이 아니다. 오히려 그것은 자아가 우리를 지키기 위해 열심히 작동하고 있다는 신호일 수 있다. '자아가 나를 지켜 주려고 애쓰고 있구나.' 하고 받아들이는 순간, 우리는 그 자아마저도 수용할 수 있게 된다. 알아차림은 곧 수용이며, 그 반대는 저항이다.

수용하기

우리는 불편한 지금의 '나'와 '환경'을 끊임없이 바꾸려 한다. 그러나 현재의 불편한 상황을 있는 그대로 수용하지 못하면, 불평과 불만이 일어나고, 내면은 부조화 상태에 빠지며 마음을 더욱 어둡게 만든다.

'수용하기'는 노력하지 말라는 뜻이 아니다. 노력은 하되, 나와 환경에 대한 불편한 저항을 내려놓는 것이다. 우리 각자가 처한 모든 환경이 성장을 위한 최적의 조건임을 받아들이는 자세, 그것이 수용의 출발점이다.

삶의 목적은 성공이 아니라 내면의 성장과 체험에 있다. 이는 마치 강철 칼을 만드는 과정과 같다. 뜨겁게 달구고, 거듭 두드리는 과정을 통해 철이 단단한 칼이 되듯, 삶의 시련은 내면을 단련시켜 성장으로 이끄는 여정임을 받아들이는 것이다.

또한 수용하기란, '내가 느끼는 모든 것은 내 것이다.'라는 태도를 의미한다. 일상에서 겪는 부정적인 생각이나 감정은, 외부 상황이나 타인 때문이 아니라, 내 안의 해석과 믿음에서 비롯된 것이다.

외부를 탓하기보다 시선을 내면으로 돌려 보자. 그리고 불편한 감정을 일으키는 관념이나 믿음의 뿌리를 알아차려 보자. 이러한 수용의 태도는, 고정된 자아의 틀을 넘어 의식을 확장하고 내면을 자유롭게 하며, 삶을 더욱 지혜로운 방향으로 이끌어 줄 것이다.

마지막으로 수용하기는, 내 안의 모든 자아를 있는 그대로 받아들이고 사랑해 주는 것이다. 우리 안에는 마트료시카 인형처럼 여러 자아가 겹겹이 존재한다. 친근한 자아, 불편하고 어색한 자아,

없애고 싶은 자아 등 다양한 모습들이 공존하고 있다. 이들은 모두 '나'라는 존재 안에 공존하는 삶의 조각들이며, 그 어떤 자아도 나의 일부로서 존중받아야 한다.

싫어하는 자아를 억누르거나 없앤다고 해서 마음의 평화가 찾아오는 것은 아니다. 마치 여러 손가락 중 아픈 손가락이 신호를 보내듯, 불편한 자아도 치유를 위해 우리에게 말을 건네고 있는 것이다. 우리가 억압하거나 외면한 자아는 점점 더 큰 목소리로 자신의 고통을 알려 온다.

"지금 아파. 슬프고 우울해. 무섭고 외로워. 나를 사랑해 줘."

그 자아의 목소리를 외면하지 말고, 곁으로 다가가 위로해 주고, 안아 주자. 부모가 모든 자녀를 사랑하듯, 나 또한 내 안의 모든 자아를 있는 그대로 수용하고 사랑해 줄 때, 진정한 치유가 시작된다. 그때 비로소 내면 깊숙한 곳에서 평화가 피어날 것이다.

영혼과 자아 중, 나는 지금 어디에 머무르고 있을까?

현재의 나를 점검하는 알아차림 워크시트

■ 이 워크시트는 '자아'의 관성에서 벗어나, 보다 본질적인 '영혼'의 자리를 향해 나아가기 위한 내적 나침반입니다. 각 항목에 체크하여(✓) 현재 나의 중심이 어디에 더 가까운지 알아보세요.

항목	자아 중심			영혼 중심		
마음 상태	불안, 조급함, 비교심			평온, 여유, 수용		
타인 관계	평가, 방어, 인정욕구			공감, 연결감, 진정성		
내면 소리	"나는 왜 이렇지?" "더 잘해야 해."			"지금 이대로도 괜찮아."		
결정 방식	손익 계산, 두려움 회피			직관, 의미 중심		
감정 반응	억제하거나 휘둘림			있는 그대로 알아차림		
몸의 감각	긴장, 압박감, 가슴이 닫힘			이완, 흐름, 가슴이 열림		

시간 감각	과거에 묶이거나 미래에 쫓김				지금 여기에서 머묾			
삶의 태도	통제, 증명하려 함				신뢰하고 맡김			

※ '자아' 쪽에 많이 체크되었다면, 지금은 에고의 흐름에 머물고 있을 가능성이 큽니다.
※ '영혼' 쪽에 체크가 많다면, 본래의 나와 연결된 자리에서 살아가고 있는 중일 수 있습니다.

■ 지금 나의 삶에서 자아 중심으로 가장 크게 기운 세 가지를 적어 봅니다.

1._______________

2._______________

3._______________

■ 그 자리를 묵묵히 지키며 나를 지탱해 온 '애쓴 자아'에게 따뜻한 위로의 말을 건네 봅니다.

➡

"지금 어디에 있든, 그것을 인식하는 순간
이미 영혼의 자리에 한 걸음 가까워진 것임을 기억하세요."

화를 낼까, 참을까?
분노를 다루는 마음챙김

"당신의 분노를 쓰레기처럼 버리지 말고,
연꽃처럼 돌보아라."

−틱낫한 스님−

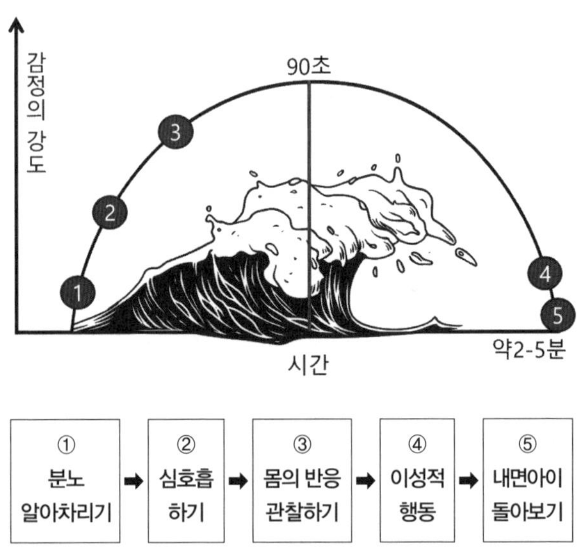

일상에서 경험하는 감정 중, 분노는 가장 다루기 어려운 감정 중 하나다. 분노는 상처를 받았다고 느끼거나, 기대와 현실이 어긋날 때, 자신의 심리적·물리적 공간이 침해당할 때, 또는 억눌린 감정이 누적될 때 일어나는 감정이다. 억압적인 환경에서 성장했거나, 자존감이 낮고, 자신이나 타인에 대한 기대 수준이 높으며, 감정 표현에 익숙하지 않은 사람일수록, 분노를 더 자주 경험하거나 표현하는 경향이 있다.

그렇다면, 화를 내야 할까, 참아야 할까? 사실 그 어느 쪽도 완전한 해법은 아니다. 화를 내면 그 에너지가 타인의 마음에 상처를 줄 수 있다. 설령 그 분노가 타인의 잘못을 바로잡기 위한 것이라 해도, 상대는 방어적으로 반응하며 오히려 함께 분노할 가능성이 크다. 결국 문제 해결보다는 관계 악화로 이어지기 쉽다.

또한 화를 낼 경우, 그 감정이 나 자신의 양심에도 상처를 남길 수 있다. 물론 상대를 위하거나 정의로운 상황에서 분노를 드러내야 할 때도 있을 것이다. 그러나 그 분노가 단지 내 감정을 해소하기 위한 것이라면, 오히려 내면에 깊은 흔적을 남기고, 영혼의 빛을 흐리게 할 수 있다.

화를 참으면 어떻게 될까? 그 감정은 표현되지 못한 채 내면 깊은 곳에 남는다. 억눌린 감정은 의식 아래 머물다가, 불편한 감정의 형태로 일상 속에 다시 떠오른다. 그리고 그것이 한계에 다다라 폭발하는 순간, 우리는 이성을 잃고 감정에 휘둘릴 수 있다.

이제 분노를 다루는 마음챙김의 방법에 대해 알아보자. 가장 먼저 필요한 것은 분노가 일어났다는 사실을 알아차리는 일이다. 감정이 올라왔음을 인식하지 못하면, 그 에너지가 전전두피질의 기능을 억제하여 이성적이고 논리적인 판단을 흐리게 만든다. 즉, 분노가 자각 없이 작동할 때, 우리는 감정에 끌려다니게 된다. 반대로, 분노를 알아차렸다는 것은 그 감정을 통제할 수 있는 주도권을 내가 다시 갖게 된다는 의미이다.

그다음은 심호흡을 하며 몸의 반응을 관찰하는 단계다. 분노를 일으킨 외부 자극에서 시선을 거두고, 주의를 몸 안으로 향하게 한다. 숨을 깊게 들이쉬고, 입으로 천천히 내쉬면서 몸과 마음이 이완되도록 돕는다. 호흡에 집중하면서, 몸에 일어나는 반응들을 조용히 지켜본다. 심장 박동이 빨라지고, 근육이 긴장되며 떨림이 느껴질 수도 있다. 얼굴이 뜨거워지거나, 손에 땀이 나기도 한다.

하버드 의대의 신경해부학자 질 볼트 테일러(Jill Bolte Taylor) 박사에 따르면, 자극이 뇌에서 감정 반응으로 처리되어 신체 반응(심장 박동, 호흡 변화 등)을 일으키기까지는 약 90초가 소요된다고 한다. 분노가 최고조에 이른 뒤 그 감정을 자극 없이 그대로 두면, 보통 90

초에서 길게는 2~5분 안에 점차 약해진다. 이는 신경계가 다시 안정되고, 전전두피질이 서서히 통제력을 회복하기 때문이다. 즉, 그 짧은 시간 동안 알아차림 속에 머물며 몸의 감각을 지켜볼 수 있다면, 우리는 분노에 휘둘리지 않고 그 에너지를 지나가도록 허용할 수 있다.

이제 분노가 가라앉으면, 이성적으로 행동할 수 있는 힘이 생긴다. 분노를 유발한 상대에게 예의를 갖추어 정중하게 말할 수 있고, 사소한 문제라면 그냥 흘려보낼 수도 있다. 감정이 아닌, 내면의 양심에 귀 기울이고 그것을 따를 때, 문제는 훨씬 더 부드럽고 자연스럽게 풀려나간다.

마지막으로, 자주 화를 내는 습관이 있다면 그 감정을 유발한 '믿음'이나 '관념', 또는 '내면아이'를 돌아볼 필요가 있다. 완벽을 추구하는 성향 때문에 타인의 실수를 받아들이지 못하는 것일 수도 있고, 과거에 자신이 같은 실수로 혼났던 기억이 무의식 속에 남아 타인에게 그것을 되돌려주려는 심리가 작용했을 수도 있다. 내가 싫어하는 타인의 모습 속에, 사실은 받아들이기 힘든 나 자신의 그림자가 투영되어 있는 경우도 있다. 또는 어린 시절 충분히 표현되지 못하고 억눌려 있던 내면아이가 그 자리에 머물러 있는지도 살펴볼 필요가 있다.

반복되는 분노의 상황 속에서, 과거의 기억으로 조심스럽게 돌아가 본다. 그리고 그 시절 분노하고 상처받았던 자아의 곁에 가만히 함께 머문다. 억누르거나 부정하지 않고, 그 감정을 그대로 느끼며 따뜻하게 위로해 주는 것이다. 이러한 내면의 작업을 반복하다 보면, 분노는 점차 그 힘을 잃고 사라진다. 그리고 그 자리에 조금씩 평화와 통합이 자리 잡기 시작할 것이다.

6

어려운 시기를 위한
마음챙김

"지금 이 순간이 당신이 원하는 것이 아니라 하더라도,
그것이 당신에게 필요한 것일 수 있다."

−에크하르트 톨레−

살다 보면 삶이 늘 우리가 원하는 방향으로만 흘러가지 않는다는 사실을 마주하게 된다. 때로는 유턴을 해야 할 순간도 있고, 막다른 골목에 다다라 더 이상 나아갈 수 없는 진퇴양난의 상황에 빠지기도 한다. 그래서 인생을 '롤러코스터'에 비유하기도 한다.

인생에는 성장기와 침체기가 있다. 성장기는 외적인 확장이 일어나는 시기로, 새로운 기회가 열리고 일이 순조롭게 풀리는 시기다. 내면에서는 자신감과 기쁨, 활력을 느끼며 삶의 의미를 되새기게 된다.

그러나 여름이 지나면 가을이 오고, 겨울이 찾아오듯, 누구에게 나 침체기 혹은 슬럼프의 시기가 찾아온다. 이 시기에는 계획이 뜻 대로 되지 않거나, 관계의 갈등, 실패, 질병 등의 상황을 겪으며 불 안, 두려움, 좌절, 혼란 같은 부정적인 감정이 몰려오기도 한다. 삶 의 방향을 잃거나 정체성의 혼란을 겪으며, 혹독한 감정의 겨울을 지나게 된다.

그렇다고 이 시기가 단지 고통만을 주는 것이 아니다. 겨울을 잘 이겨 낸 나무가 봄에 새싹을 틔우고 꽃을 피우듯, 어려운 시기는 삶 에서 본질적인 것과 그렇지 않은 것을 가려보게 하는 성찰의 시간이 며, 전환점이 되는 시기다.

저서 『죽음의 수용소에서』로 유명한 심리학자 빅터 프랭클(Viktor Frankl)의 이야기를 살펴보자. 그는 유대인으로서 나치 강제수용소 에 3년 넘게 수감되었으며, 그곳에서 아내와 부모, 형제를 모두 잃었 다. 심리적으로 무너질 수밖에 없는 절망적인 상황 속에서, 프랭클 은 자신에게 여전히 남아 있는 단 하나의 자유를 발견했다. 그것은 바로 '태도를 선택할 자유'였다. 가족, 직업, 이름, 머리카락, 자유까 지 모든 것을 빼앗긴 상태에서 그는 다음과 같은 사실을 깨달았다.

상황은 내가 선택할 수 없지만, 그 상황을 어떻게 받아들일지는 나의 자유다.

이 깨달음은 그에게 깊은 전환점을 안겨 주었다. 태도를 정하는 일은 외부 환경이 아닌, 오롯이 자신만의 고유한 선택이라는 통찰이었다. 프랭클은 말한다.

자극과 반응 사이에는 공간이 있다. 그 공간 안에 우리의 자유와 힘이 있다.
그리고 그 반응에는 우리의 성장과 자유가 달려 있다.

이 말은 어떤 고통이나 자극이 찾아왔을 때, 무의식적으로 반응하는 대신, 의식적으로 선택할 수 있는 여지가 우리에게 있다는 것을 의미한다. 프랭클은 수용소에서 자신이 살아남을 수 있었던 이유가 단순히 신체적 강인함이나 운 때문이 아니라, '삶의 의미'를 발견했기 때문이라고 말한다.

그곳에서 살아남은 이들은 가장 강한 자가 아니라,
삶의 목적이 분명한 자들이었다.

그는 수용소 안에서 환자들을 다시 만날 날, 자신이 쓰게 될 책, 사랑했던 아내와의 기억 등 내면 깊은 곳에 자리한 목적과 연결되어 있었기에, 그 절망의 시간을 견뎌 낼 수 있었다고 한다.

삶에 좌절이나 실패, 질병 같은 사건이 불쑥 찾아오면, 누구나 내면에서 저항이 일어난다. 그 저항은 분노, 절망, 두려움과 같은 감정으로 이어지고, '내가 왜 이런 상황을 겪어야 하지?', '이건 아니야.' 같은 생각이 반복되면서, 마음은 점점 혼란에 빠져든다. 이러한 내적 혼돈 속에서 뇌의 편도체가 과도하게 활성화되고, 부정적 감정은 더욱 강해지는 악순환이 시작된다.

노력해서 바꿀 수 있는 상황이라면, 기꺼이 저항하고 행동함으로써 변화의 가능성을 찾아야 한다. 그러나 이미 돌이킬 수 없는 상황이라면, 그에 대한 저항을 멈추고 '수용'의 태도가 필요하다. 수용은 삶이 아래로 내려가는 침체기의 U자 곡선에서, 전환점이 되는 힘이다. 이것은 외부에 있던 통제의 주도권을 내면으로 되돌려주는 과정이며, "상황은 내가 바꿀 수 없어도, 그것을 받아들이는 태도는 나의 선택이다."라는 빅터 프랭클의 통찰과도 이어진다. 그 순간부터 슬럼프는 단순한 고통의 시기가 아니라, '삶의 통합과 성찰의 기회'로 전환된다.

또한 수용은 부교감신경계를 자극하여 몸과 마음을 안정시키고, 이성과 자기통제를 담당하는 전전두피질의 회복을 돕는다. 생각으로는 수용하고 싶지만, 마음은 여전히 저항을 놓지 못할 수도 있다. 특히 편도체가 활성화된 상태에서는 마음이 계속 저항하게 된다. 이럴 때는 명상이나 호흡, 산책, 운동 등을 통해 과도하게 자극된 편도체를 먼저 진정시키는 것이 필요하다.

모든 변화는 자연스럽게 일어나야 한다. 억지로 수용하려는 시도는 오히려 저항을 키울 수 있다. 그러므로 마음이 열릴 때까지 기다려 주는 태도가 중요하다. 어려운 시기는 성찰의 시기이자, 삶의 의미를 다시 설정할 수 있는 기회임을 기억하자. 그동안 외부로만 향하던 의식을 자신의 내면으로 되돌리는 시간으로 삼을 수 있다. 내가 부족했던 점, 비워야 할 것들, 놓아야 할 집착 등을 돌아보며, 스스로를 성찰하는 시간을 가져 보자.

또한, 내가 통제할 수 있는 것과 통제할 수 없는 것을 구분해 보고, 후회나 미련이 남는 부분은 놓아주는 것이 좋다. 그리고 지금 이 순간 내가 할 수 있는 것, 통제 가능한 것에 집중해 보자.

마지막으로, 삶의 의미를 재설정하는 시간을 가져 보자. 그동안 중요하게 여겨 왔던 것에 더 이상 가치를 느끼지 못할 수도 있다. 반드시 거창할 필요는 없다. 오히려 일상의 작고 평범한 일들 속에서 만족을 찾고, 지금 이 순간을 온전히 느끼며, 외부가 아닌 내면에 중심을 두고 살아가는 삶도 충분히 의미 있을 수 있다.

혹독한 겨울이 지나면 반드시 봄이 찾아온다는 사실을 잊지 말자. 이 시기에 내면을 정돈하고, 삶의 의미를 다시 되새기게 된다면, 삶을 바라보는 새로운 관점이 열릴 것이다. 그때 우리는 이전보다 더 깊은 시선으로 삶을 바라보고, 보다 지혜롭게 마주할 수 있게 될 것이다.

"나를 깊이 이해하고 재발견하는 시간"

1. 지금 나를 바라보기

■ 지금 내 마음속에 떠오르는 감정은? (복수 선택 가능)

　　□ 무기력　□ 불안　□ 분노　□ 슬픔　□ 혼란　□ 외로움　□ 기타:

■ 내 몸에서 느껴지는 감각은?

　　□ 긴장됨　□ 답답함　□ 피로함　□ 무거움　□ 아무 느낌 없음　□ 기타:

■ 이 감정이나 몸의 느낌은 몸의 어디에서 가장 강하게 느껴지나요?

　　□ 가슴　□ 배　□ 머리　□ 목　□ 등　□ 잘 모르겠다　□ 기타:

2. 저항 알아차리기

■ 지금 내가 '받아들이고 싶지 않은 것 또는 상황'은 무엇인가요?

➡

■ 그 상황에 대해 내가 자주 반복하는 생각은?

➡

■ 그 생각은 어떤 감정이나 믿음 · 신념과 연결되어 있을까요?

　　예) "나는 실패하면 안 돼.", "나는 남보다 뒤처지면 무가치해." 등

➡

3. 삶의 의미와 통제

■ 이 시기가 내게 알려 주고 있는 삶의 메시지는 무엇일까요?

➡

■ 나는 이 시기를 통과한 후 어떤 사람으로 성장하고 싶나요?

➡

■ 지금 나를 살아 있게 하는 작은 의미는 무엇인가요?

   예) 가족, 기다리는 친구와의 만남, 누군가의 응원 한마디

➡

■ 지금 삶에서 통제 가능한 것과 통제 불가능한 것을 적어 보세요.

➡ 통제 가능한 것:

➡ 통제 불가능한 것:

※ 통제 불가능한 것에 대한 후회나 미련은 놓아주고, 통제 가능한 것들에 집중하는 연습을 해 보세요.

4. 내면의 선택을 실천으로

■ 오늘 하루, 내가 통제할 수 있는 것에 집중한다면 어떤 일을 할 수 있을까요?

➡

■ "나는 상황을 선택할 수 없지만, 태도는 선택할 수 있다"는 말을 마음에 새기며, 오늘 내가 선택할 태도와 응원의 한마디를 써

주세요.

➡ 오늘 나의 삶의 태도:

➡ 나에게 응원의 한마디:

"지금의 어려움도 나를 단단하게 성장시키는 토양이 됩니다."

➡ 오늘 나의 삶의 태도:

7

걱정과 두려움을 넘는
마음챙김

"불안은 미래를 너무 앞서 살아가고 있기 때문에 생긴다.
하지만 당신이 지금 이 순간에 머문다면, 불안은 사라진다."

-에크하르트 톨레-

우리 삶에서 걱정과 두려움은, 보기 싫지만 자주 마주치는 이웃처럼 익숙한 존재다. 삶이 계획한 대로 흘러가지 않거나, 예측할 수 없는 상황이 닥칠 때면, 걱정과 두려움은 어김없이 익숙한 얼굴로 우리 앞에 다시 나타난다.

먼저 우리가 이해해야 할 것은, 그것이 아무리 불편하더라도 결코 '불필요한 감정'은 아니라는 점이다. 앞서 다뤘듯이, 걱정과 두려움은 자아가 우리를 보호하려는 본능적인 방어 반응이라는 사실을 기억해야 한다. 무의식적으로 피하거나 억누르기보다, 그 감정이 일어났다는 사실을 있는 그대로 알아차리고 수용해 주는 것만으로도, 마음은 한결 편안해질 수 있다.

그럼에도 불편함이 계속된다면, 걱정과 두려움을 일으키는 내면의 믿음이나 관념을 들여다볼 필요가 있다. '잘하고 싶다', '실패하고 싶지 않다'는 마음은 평소에는 우리를 성장하게 만드는 원동력이 되지만, 위기 상황에서는 오히려 불안을 키우는 원인이 되기도 한다. 이럴 때는 이렇게 알아차려 본다.

'아, 내가 지금 잘하고 싶은 마음이 있구나.'

'실패를 두려워하는 마음이 있구나.'

이처럼 마음을 억누르지 않고 있는 그대로 바라보는 것만으로도 걱정과 두려움을 객관적으로 인식할 수 있는 여유가 생긴다. 그리고 그 여유는 내면에 공간을 만들어 주며, 마음을 한결 가볍게 해 준다.

호흡을 하며 의식을 '지금 여기'로 데려오는 것도 좋은 방법이다. 걱정과 두려움은 마음이 미래에 머물 때 생겨나는 감정이다. 지금 이 순간, 현재에는 그 감정들이 머물 자리가 없다. 호흡과 몸의 감각에 집중하다 보면, 미래로 가 있던 마음이 서서히 현재로 돌아오고, 걱정과 두려움은 자연스럽게 가라앉는다. 그 자리에 조용히 평화가 스며들기 시작한다.

또 한 가지는 미지의 상황 앞에서 마음의 문을 여는 것이다. 이는 억지로 조정하거나 통제하려는 태도를 내려놓는 것을 뜻한다. 우리는 무엇이든 '통제해야 안전하다'고 믿는 경향이 있다. 그러나 이러한 믿음은 미래에 대한 불확실성을 곧장 두려움으로 바꾸어 놓는다. 불확실함을 두려워하지 않고, 아직 오지 않은 것에 마음을 열어 보자. 이처럼 내맡기는 태도는 삶이 흘러가는 방식에 유연하게 대응할 수 있는 힘을 길러 주며, 예상하지 못한 가능성과 기회에 마음을 열게 해 준다. 그리고 그것은 삶을 더욱 풍요롭게 만든다.

지금까지 소개한 방법들로도 불안과 두려움이 쉽게 가라앉지 않는다면, 필자가 실제로 실천하며 효과를 본 방법 하나를 나누고자 한다. 불안과 두려움은 자아가 과도하게 활성화되어 내면의 깊은 빛, 즉 영혼의 감각을 가릴 때 나타나는 감정이다. 이러한 상태를 완화하기 위해서는 자아의 목소리를 잠시 낮추고, 영혼의 목소리에 더 귀 기울이는 방향으로 의식을 전환할 필요가 있다.

앞서 언급했듯이, 필자는 21일간의 수행을 통해 '두려움의 뿌리는 육체에 있다'는 사실을 체험적으로 알게 되었다. 불안과 두려움을 만들어 내는 자아의 근원은 '몸'이며, 그 뿌리의 끝에는 '죽음'이 놓여 있다. 이 감정들은 '몸'이라는 경계 안에서만 작동한다. 몸이 사라지면, 그것들 또한 더 이상 머무를 이유를 잃는다. 그렇기에 자아의 목소리를 낮추기 위한 수행으로는 '죽음명상'[*]이, 영혼의 목소리를 키우기 위한 방법으로는 '자애명상'[**]이 효과적이다.

죽음명상-미래는 사라지고, 현재만 남는다

죽음은 삶의 가장 훌륭한 스승이라는 말이 있다. '죽음명상'은 삶의 유한함과 죽음의 필연성을 성찰함으로써, 삶의 의미를 더 잘 이해하고 지금 이 순간을 더욱 충실히 살아가도록 돕는 수행이다. 죽음명상을 통해 우리는 무상한 자아에 대한 집착을 내려놓고, 삶의 본질에 다가가며 무엇이 진정 중요한지 스스로 묻게 된다.

질병이나 사고로 인해 생사의 경계를 넘나든 경험을 한 사람들은, 종종 삶에 대한 깊은 통찰을 얻게 된다. 그들은 삶의 소중함을 온몸으로 느끼며, 물질적 가치보다 정신적 가치를 더욱 중요하게 여기고, 삶을 보다 본질적인 방향에서 바라보게 된다.

죽음과 가까이 맞닿은 극적인 체험은 삶을 새롭게 바라보게 하며, 그 과정을 통해 내면의 깊은 전환이 일어난다. 간단한 죽음명상 방법으로는 유언장을 직접 작성해 보는 것을 추천할 수 있다. 이 글쓰기를 통해 우리는 죽음을 상상하며, 삶을 되돌아보는 성찰의 시간을 가질 수 있다.

---

* 삶의 유한함과 죽음의 필연성을 직면함으로써, 현재의 삶에 대한 집중과 감사, 집착의 해소를 유도하는 명상 수행.

** 자신과 타인에게 따뜻한 마음과 친절을 보내는 수행으로, 두려움과 분노를 이완시키는 데 효과적이다.

유언장에 담으면 좋은 내용은 다음과 같다. 그동안 함께해 준 사람들에게 전하는 감사와 사랑의 표현, 삶의 여러 경험을 통해 얻은 교훈, 자신의 삶에 대한 용서와 수용, 그리고 지금 죽는다면 무엇이 가장 후회스러운지, 남은 삶을 어떻게 살아갈 것인지에 대한 다짐과 정리다.

이처럼 죽음을 글로 정리해 보는 방법 외에도, 내면에서 직접 죽음을 상상해 보는 방식도 있다. 조용한 곳에 앉아 자신의 마지막 순간을 떠올려 본다. 호흡이 서서히 거칠어지고, 몸은 점점 원하는 대로 움직이지 않으며 굳어져 간다.

한숨, 한숨 내쉴 때마다 '이 숨이 마지막일 수 있다'는 마음으로 호흡을 이어 간다. 이제는 사랑하는 사람들과 지금까지 함께해 온 몸과도 영원히 이별해야 할 시간이다. 이처럼 죽음을 생생하게 시각화할수록 그 체험은 더 깊어진다.

숨이 멎고, 몸이 차가워진다. 그 순간 내면에서 어떤 느낌이 올라오는지 조용히 지켜본다. 삶에서 감사했던 일들, 아쉽거나 후회되는 일들이 스쳐 지나갈 수 있다. 이 모든 과정은 삶의 소중함을 다시 일깨워 주며, 지금 이 순간을 더욱 깊이 살아가도록 돕는다.

호주의 간호사 브로니 웨어(Bronnie Ware)가 말기 환자들을 돌보며 기록한 『내가 원하는 삶을 살았더라면』에 따르면, 많은 사람이 죽음을 앞두고 다음과 같은 것들을 후회한다고 한다. 남의 기대에 맞춰 살며 정작 자기 삶을 살지 못한 것, 가족·쉼·즐거움을 뒤로 미루고 일에만 몰두한 것, 사랑·고마움·아픔을 말하지 못하고 참았던 것, 친구와 가족과 더 자주 함께하지 못한 것, 그리고 행복을 나중으로 미루며 살아온 것 등이다.

이 다섯 가지 중, 지금의 나에게 해당되는 것은 무엇인지 스스로 물어보자. 해당 목록 중 지금 나를 괴롭히는 고민이 포함되지 않을 수도 있다. 이 모든 것은 마음먹기에 달려 있으며, 지금 당장 실천할 수 있는 것들이다. 삶은 어쩌면 그렇게 단순한 것인지도 모른다.

자애명상–더 큰 사랑의 체험

자애명상은 말 그대로 자애(慈愛), 즉 자신과 타인에게 따뜻한 마음을 보내는 명상이다. 이 명상은 고통과 분노, 분리감에서 벗어나 연결감과 연민, 수용의 상태로 나아가도록 돕는다. 자아 중심의 좁은 의식에서 벗어나, 모든 생명과 연결된 확장된 의식 상태로 이끌어 준다.

자애 명상은 '자기 자신'을 향한 사랑에서 시작해, 점차 그 대상을 가까운 사람, 낯선 이, 모든 존재로 확장해 나간다. 그렇게 마음은 점점 사랑과 감사로 채워지고, 삶을 바라보는 시선도 한결 부드러 워진다.

※ 자애명상의 실천 문구

- 내가 평화롭고 행복하기를.
- 우리가 평화롭고 행복하기를.
- 모두가 평화롭고 행복하기를.

이 문장을 가슴 깊은 곳에서 천천히 반복해 본다. 하다 보면 어느 새 마음이 조금씩 따뜻해지고, 의식이 확장되는 것을 느낄 수 있다.

8

치유의 문을 여는
용서를 위한 마음챙김

"용서는 당신의 평화를 위한 선물이다.
상대를 위한 것이 아니다."

−달라이 라마−

일상에서 분노나 원망의 감정을 자주 경험한다면, 그 안에는 아직 풀리지 않은 상처나 용서하지 못한 감정이 남아 있을 수 있다. 누군가를 향한 원망이나 쌓인 분노는 결국 신체적·정신적인 부작용으로 나타나기도 한다. 심장 압박감, 만성 긴장, 수면 장애, 집중력 저하 등으로 이어지며, 무엇보다 마음의 평화와 자유를 잃고 스스로를 가두게 된다.

내담자 한 분이 오셨다. 그녀는 사소한 일에도 쉽게 화를 내고, 아이들에게 짜증을 내곤 한다고 했다. 그러고 나면 아이들에게 미안하고, 자신도 괴로운 마음에 빠지곤 했다. 이야기를 나누다 보니,

그녀는 어릴 적 강압적인 아버지의 성격 때문에 오랫동안 아버지를 미워해 왔고, 아버지 비위를 맞추느라 자신의 삶을 살지 못했던 어머니에 대해서도 답답한 감정이 남아 있었다. 남편에게도 분노가 많이 쌓여 있었는데, 남편의 말투나 행동에서 아버지의 모습이 겹쳐 보이면서, 어릴 적 아버지에게 품었던 미움이 남편에게 투사* 되고 있었던 것이다.

그렇게 미워하던 아버지의 모습이, 자신도 모르게 아이들을 대하는 방식에 드러나고 있었다는 사실을 깨달았을 때, 그녀는 깜짝 놀랐다. 이처럼 남을 미워하는 마음은 결국 자기 내면을 황폐하게 만들고, 주변 사람에게도 고스란히 전이된다. '용서해야 한다'는 걸 머리로는 알면서도, 실제로는 쉽게 용서되지 않을 때가 있다. 그것은 상처받은 마음이 충분히 이해받고 공감받지 못했기 때문일 수 있다. 용서보다 먼저, 그 상처를 진심으로 안아 주고 인정해 주는 시간이 필요하다.

또한 용서를 하면 '내가 지는 것'이라고 여겨 마음이 용서를 거부하는 경우도 있다. 하지만 용서는 상대가 옳고 내가 틀렸다는 뜻이 아니라, 나의 내면의 치유와 자유를 위한 결정이다. 그리고 용서를 미루고 있는 마음 깊은 곳에는, 과거의 상처로부터 자신을 지키려

---

* 자신의 감정이나 생각을 타인에게 옮겨 씌우는 심리적 방어기제.

는 무의식적인 방어기제[*]가 작동하고 있을지도 모른다.

용서를 위해서는 그 마음이 무르익을 시간이 필요하다. 잘 여문 민들레 씨앗이 바람을 타고 저절로 날아가듯, 자신의 상처를 충분히 보듬어 주면 용서도 억지로 하지 않아도 자연스럽게 이루어진다.

용서를 위해서는 통찰이 필요하다. 그것은 다음과 같은 이해에서 비롯된다.

우리 모두는 완전하지 않으며, 각자의 자리에서 최선을 다하고 있다.

특히 어린 시절, 부모라는 존재는 하늘과도 같이 '완전하다'고 인식되기 쉽다. 그러나 지금의 나처럼, 부모 또한 상처가 많고, 두려워하며, 연약한 한 존재일 뿐이라는 사실을 받아들이는 것이 필요하다. 나에게 상처를 준 사람에게 '왜 그렇게 행동했을까?'라고 생각하는 것에서, 그 사람의 겉으로 드러나지 않은 내면의 상처와 두려움을 이해하게 되면, '그 상황에서 그것이 최선이라고 생각했겠구나!'로 인식이 전환될 수 있다.

---

* 심리적 고통이나 불안을 줄이기 위해 무의식적으로 작동하는 자아의 보호기제.

우리는 남을 용서할 수 있을 뿐만 아니라, 자기 자신도 용서할 수 있어야 한다. 스스로를 끊임없이 비판하고 괴롭히는 일은 마음의 에너지를 고갈시키고, 자신을 내면의 감옥에 가두는 행위가 된다. 자신을 용서하는 것은 그 감옥에서 벗어나, 마음의 평화를 향해 나아가는 첫걸음이다. 우리는 누구나 실수를 하고, 그 실수를 통해 배우며 성장해 간다. 자신을 용서한다는 것은, 그 실수를 인정하고, 거기서 얻은 교훈을 받아들이는 것이다.

우리 모두에게 주어진 공통된 과제는 '자신을 온전히 사랑하는 것'이다. 스스로의 부족하고 싫어하는 부분조차도 이해하고 사랑할 수 있을 때, 내면의 평화가 찾아온다. 그리고 그 평화는 타인을 향한 이해와 사랑으로도 이어진다.

"용서는 내면의 치유와 자유를 위한 첫걸음"

1. 지금 내 마음 살펴보기

■ 마음이 답답하거나 불편해지는 사람이 있나요?

➡

■ 그 사람에게 어떤 감정을 느끼고 있나요? (복수 선택 가능)

☐화남　☐섭섭함　☐실망감　☐미움　☐무시당한 느낌　☐슬픔　☐기타:

■ 그 감정을 몸의 어디에서 느끼나요?

☐가슴　☐목　☐머리　☐배　☐잘 모르겠어요　☐기타:

2. 감정 이해하고 풀어보기

■ 그 사람이 그렇게 행동한 데에는 어떤 이유가 있었을까요?

➡

■ 그 사람이 혹시 두려움이나 상처, 불안 때문에 그런 건 아닐까요?

☐생각해 본 적 있다　☐그런 생각은 처음이다　☐아직 잘 모르겠다　☐기타:

■ 내가 지금 할 수 있는 마음의 선택은 무엇인가요?

☐아직 용서하긴 어렵다

□그 사람을 조금씩 이해해 보려 한다

□나를 위해 내려놓아 보기로 한다

■ 내가 용서하면 나에게 어떤 변화가 찾아올까요?

➡

■ 이 모든 마음을 바라본 지금, 어떤 마음이 올라오나요?

□조금은 편안해졌다   □아직 혼란스럽다

□슬프지만 덜 얽매인 느낌이다   □기타:

3. 나에게 용서의 말 건네기

■ 나 자신에게 미안했던 일이나, 후회되는 행동이 있다면 적어 보세요.

➡

■ 그때의 나에게 어떤 말을 해 주고 싶은가요?

➡

■ 오늘의 나에게 보내는 따뜻한 말 한마디

➡

■ 마무리 마음챙김 문장

♥ "완벽하지 않아도 나는 나대로 괜찮아."

♥ "실수도 나의 일부이고, 그 안에 배움이 있어."

♥ "미움보다 평화를 선택하는 내가 더 멋져."

♥ "용서하지 않아도 돼. 다만 내 마음을 돌보자."

➡ 나만의 문장 하나 써 보기:

"나는 미움에 머무는 대신, 평화로 나아갈 힘을 가진 존재입니다."

마음을 여는 연습,
감사의 마음챙김

"감사는 우주의 힘과 지혜, 창조성으로 통하는 문을 연다.
우리는 감사로 그 문을 연다."

–디팩 초프라–

우리의 몸과 마음이 작용하는 방식은 단순하다. 존재의 근원인 영혼에 가까워질수록 치유가 일어나고, 멀어질수록 불균형이나 다양한 증상들이 나타난다. 이것은 마치 우리 안에 있는 영혼이 자신을 잃지 않도록 삶 속에 나침반을 심어 둔 것처럼 느껴진다.

깊은 명상 상태에 들어가면 자아의 소음이 잦아들고, 우리는 영혼과 다시 연결된다. 그때 존재의 중심과 이어지며, 감사와 사랑, 평화가 자연스럽게 마음을 채운다. 이 상태에서는 우리 몸의 자율신경계가 안정되면서, 심장 박동과 혈압이 낮아지고, 근육의 긴장도 서서히 풀리게 된다. 감정적 회복탄력성이 높아지고, 위장, 면역, 호흡계 등 생리 기능도 더 조화롭게 작동하기 시작한다.

뇌에서는 편도체의 활동이 잦아들며 불안과 두려움이 줄어들고, 전두엽이 활성화되면서 깊은 통찰과 자각이 일어난다. 감사에 관한 연구에 따르면, '감사 표현'은 사회적 유대와 연관된 옥시토신 시스템과 관련이 있고, 보상·사회적 인지 회로(예: 내측 전전두피질)가 활성화되는 경향이 보고되었다.

명상 중에는 존재하고 있다는 것만으로도 감사한 상태에 머무르게 되지만, 자아는 늘 불안과 결핍 속에 머물며 무언가를 끊임없이 요구할 뿐, 감사하는 법을 알지 못한다. 감사함을 지속적으로 느끼지 못하면, 불만, 짜증, 분노 같은 감정이 반복적으로 올라오고, 이러한 감정들은 스트레스 호르몬을 증가시켜 면역력 저하, 염증 반응 증가, 만성 피로 같은 신체적 증상으로 이어질 수 있다. 이것은 에너지 흐름을 막고, 존재의 근원으로부터 우리를 멀어지게 한다. 지속적인 결핍감은 자아를 더욱 고립시키고, 삶을 점점 더 공허하게 만든다.

우리가 감사한 마음을 가져야 하는 이유는 바로 여기에 있다. 감사함을 느끼는 것만으로도 명상이 주는 효과를 누릴 수 있다. 감사한 마음은 자아의 목소리를 줄여 주고, 닫혀 있던 에너지를 다시 열어 주며, 존재의 근원과 연결시켜 준다.

명상은 특정한 시간이나 공간을 필요로 하지만, 감사는 언제 어디서나 실천할 수 있다. 지금 이 순간, 내 삶에 함께하고 있는 소중한 사람이나 사물, 또는 곁에 있어 자주 잊고 지내는 공기, 햇살, 자연에도 감사의 마음을 가져 보자. 그러면 우리 내면에 자리했던 불안이나 짜증 같은 감정이 조금씩 기쁨과 풍요로 바뀌게 될 것이다. 감사는 지금 이 순간, 존재하는 것만으로도 충분하다는 진실을 일깨워 준다. 자아의 결핍감은 우리의 마음을 황량한 사막으로 만들고, 감사는 그 사막을 아름다운 꽃 피는 정원으로 바꿔 놓는다.

감사의 마음챙김

"감사는 몸과 마음을 위한 가장 깊은 치유"

1. 내 삶 속에서 감사했던 순간들을 떠올려 보세요.

■ 작고 소소한 일이더라도, 진심으로 고마웠던 기억을 적어 보세요.

　예) 힘들었던 날, 누군가 말없이 내 옆에 있어 주었을 때

➡

➡

➡

2. 지금 내 삶에 함께 있어 주는 고마운 사람은 누구인가요?

■ 그들의 이름과 함께, 고마운 이유도 적어 보세요.

➡

➡

➡

3. 지금 내가 누리고 있는 고마운 것들엔 어떤 것들이 있을까요?

■ 익숙해서 잊고 지냈던 것들에도 마음을 돌려 봅니다.

➡

➡

4. 그동안 당연하게 여겨 온 것 중, 감사의 마음으로 다시 바라볼 수 있는 것은 무엇인가요?

■ 하루의 평범함 속에서 다시금 고마움을 느낄 수 있는 것들을 적어 보세요.

　예) 아침 햇살, 매일 마시는 따뜻한 차 한잔, 건강하게 일어날 수 있는 몸

➡

➡

5. 오늘 하루를 살아 낸 나 자신에게 고마운 마음을 전해 봅니다.

■ 스스로에게 건네는 짧고 따뜻한 한마디를 적어 보세요.

　예) "오늘도 포기하지 않고 여기까지 와 줘서 고마워."

➡

6. 감사의 마음을 떠올리고 난 후, 전과 달라진 감정이나 몸의 느낌이 있나요?

■ 편안함, 따뜻함, 이완감 등 자유롭게 떠오르는 느낌을 적어 보세요.

➡

"감사하는 순간, 내 마음은 건강해집니다."

“감사의 시선이 내 삶을 풍요롭게 만듭니다.”

“나는 이미 충분히 많은 축복 속에 살고 있습니다.”

10

관계의 마음챙김
내 틀을 먼저 살펴보기

"관계는 당신을 행복하게 하려는 것이 아니라
'의식'하게 하려는 것이다."

−에크하르트 톨레−

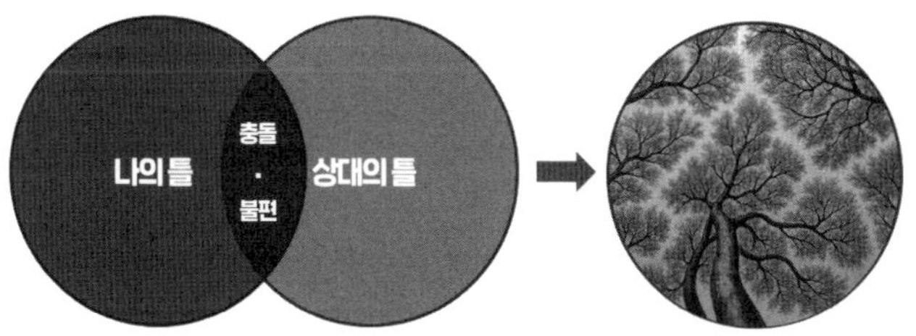

나무의 관계의 마음챙김 : 수관기피

살아가면서 가장 어려운 문제 중 하나는 관계에서 오는 갈등일 것이다. 직장에서 동료나 상사와의 갈등, 가족 간의 갈등, 친구나 연인 간의 갈등은 누구에게나 쉬운 일이 아니다. 관계에서 갈등이 생길 때 흔히 타인의 문제점을 탓하기 쉽지만, 그 불편함은 우리가 가진 서로 다른 틀이 만났다는 신호일 때가 많다. 날씨에서 서로 다른 기압이 부딪힐 때 구름이 생기고 번개가 치듯, 일상의 충돌도 각자 살아온 관점과 기준이 마주치면서 생긴다.

부딪힘의 순간에 우리는 쉽게 상대를 평가하거나 비난하는 경향이 있다. 그러나 그 순간은 평상시 드러나지 않던 나의 경계나 틀을 선명히 보여 주기도 한다. '왜 저 사람은 저럴까'에서 한발 물러나 '나는 어떤 틀을 가지고 있기에 이 말이 이렇게 거슬릴까.'라고 물어 보면, 나의 틀을 알아차릴 수 있는 기회가 되기도 한다.

상대에게 느끼는 불편함은 종종 내 안의 무의식적 욕구나 상처를 보여 주기도 한다. '저 사람이 어떻게 나한테 이러지.'라고 느낄 때, 내 안의 동일한 부분을 마주하고 있는 경우가 많다. 관계는 거리의 예술이기도 하다. 너무 가깝지도, 너무 멀지도 않게 건강한 경계를 세우는 법을 배우며, 동시에 진심으로 연결되는 법을 익히게 된다. 또한 '이해받고 싶다'는 바람을 '이해해 보겠다'는 마음으로 바꿀 때, 관계의 에너지가 바뀐다. 타인은 나를 채워 줄 존재가 아니라, 나를 성장시켜 주는 존재임을 알게 된다.

내가 중요하게 여기는 규칙, 지키고 싶은 자존감, 미처 말하지 못한 기대 같은 것들. 관계의 갈등은 불편하지만, 내 안을 비추는 거울이 되어 준다. 상대의 틀을 비난하기 전에, 내 틀이 어디서 형성되었는지, 무엇이 두려워 움켜쥐고 있는지를 살펴본다. 그런 점에서 상대는 나를 성장하게 하는 고마운 동반자인 것이다.

하늘이 경계를 두지 않고 모든 것을 품듯, 물이 특정한 모양을 고집하지 않고 어떤 그릇에도 담기듯, 우리 또한 마음의 경계와 고정된 틀을 조금씩 허물어 갈 때 더 큰 자유를 경험할 수 있다. 관계의 마음챙김은 상대를 바꾸려는 것이 아니라, 내 안의 틀을 알아차리고 놓아주는 연습이다. 그 과정에서 우리는 점점 넓은 하늘처럼, 틀이 없는 물처럼, 넓고 자유로운 존재로 함께 나아갈 수 있다.

1. 부정적 감정은 과거의 상처와 기억이 남긴 에너지적 잔존물이다.

- 이전 경험이 현재의 사건에 겹쳐지며 비슷한 감정을 반복하게
  만든다.
- 이를 알아차리고 느껴 주면, 감정은 점차 정화되어 고요와 평화
  로 바뀐다.

**2. 통증과 질병은 무의식이 보내는 신호이며, 억눌린 감정의 에너지
적 표현일 수 있다.**

- 몸은 내면의 진실을 대신 말해 주는 통로로, 억압된 감정은 긴장
  과 통증의 형태로 신체에 남는다.
- 그 신호를 무시하기보다 삶의 방향을 되돌아보라는 메시지로 받
  아들일 때, 치유의 길이 열린다.

**3. 영혼과 자아는 하나의 생명 안에 공존하며, 그 둘이 균형을 이룰 때
삶은 온전한 조화를 향해 나아간다.**

- 자아는 생존과 안전을 위한 파도이며, 영혼은 고요히 머무는 바
  다와 같다.
- 명상을 통해 자아의 소음이 잦아들면, 우리는 본래부터 그 자리

에 있던 영혼의 속삭임을 들을 수 있다.

4. 자아를 있는 그대로 수용하고 알아차리는 것이 영혼과 자아의 조화를 이끄는 마음챙김의 핵심이다.

- 불편한 감정은 자아가 보내는 신호이며, 억누르기보다 그대로 느끼고 받아 줄 때 조화가 회복된다.
- 내 안의 다양한 자아를 있는 그대로 품고 사랑할 때, 치유와 내면의 평화가 시작된다.

5. 분노는 억누르거나 터뜨리는 대신, 알아차림을 통해 다루어야 할 감정이다.

- 분노를 인식하고 호흡하며 몸의 반응을 관찰하면 감정의 에너지를 흘려보낼 수 있다.
- 그 과정에서 억눌린 내면아이를 돌보고, 감정 뒤에 숨은 신호를 이해할 때 치유가 일어난다.

6. 어려운 시기는 삶의 방향을 재설정하는 내면의 전환점이다.

- 저항 대신 받아들임의 태도를 선택할 때, 삶은 통합과 성찰의 시간으로 바뀐다.
- 삶의 의미를 다시 찾고 중심을 내면에 둘 때, 우리는 더 깊은 시선으로 삶을 바라볼 수 있다.

7. 걱정과 두려움은 미래를 앞서 살아갈 때 자아가 만들어 내는 감정이다.

- 지금 이 순간에 머물며 감정을 있는 그대로 알아차릴 때, 마음은 한결 가벼워진다.
- 자아의 소음을 잠재우고 영혼의 목소리에 귀 기울이면 내면의 평화가 찾아온다.

8. 용서는 타인을 위한 행동이 아니라, 나 자신을 자유롭게 하기 위한 내면의 결단이다.

- 상처받은 마음을 충분히 이해하고 보듬을 때, 자연스러운 용서가 가능해진다.
- 자신과 타인의 불완전함을 받아들이는 순간, 평화와 치유의 문이 열린다.

9. 감사는 자아의 결핍을 녹이고, 존재의 중심과 다시 연결되게 한다.

- 작고 평범한 순간에 감사할 때, 마음의 문이 열리고 에너지가 회복된다.
- 감정과 몸의 조화가 회복되며, 내면은 점차 고요와 충만으로 채워진다.

10. 관계의 갈등은 타인을 바꾸기보다 내 안의 틀을 알아차리고 성장하는 과정이다.

- 부딪힘은 내 상처와 욕구를 비추는 거울이며, 이를 자각할 때 이
  해와 자유가 열린다.

- 관계를 통해 우리는 경계와 연결의 균형을 배우며 더 유연한 존
  재로 자란다.

4장

알아차림에서 깨어남으로—
의식의 진화 여정

1

참된 나를 깨우는 힘,
알아차림

"알아차림은 당신 안에 이미 존재하는 씨앗이다.
지금 이 순간을 인식하는 것만으로도 그 씨앗은 자라난다."

-틱낫한 스님-

이 시대의 영적 스승으로 불리는 에크하르트 톨레는 자신의 책
『지금 이 순간을 살아라』에서, 깊은 절망과 내면의 고통 속에서 '자
기 자신에 대한 생각'으로부터 분리를 통해 진정한 자아를 발견했
다고 설명한다. 그는 29세에 심한 우울과 불안에 시달리던 어느 날,
다음과 같은 생각을 했다고 고백한다.

나는 나 자신과 함께 살 수 없어. 그렇다면 '나'와 '나 자신'은 누
구지?

이 질문은 곧, '자신' 안에 두 개의 자아가 있다는 깨달음으로 이

어졌고, 고통받는 자아와 그것을 지켜보는 자각의 의식을 분리해 인식하게 된다. 그 순간 기존의 자아가 붕괴되고, 생각 이전의 고요한 존재감이 드러났다고 한다. 이것이 곧 내면의 진짜 목소리, 즉 '의식적인 알아차림'의 시작이었고, 이후 그의 삶은 완전히 달라졌다고 한다.

알아차림과 양자역학-관찰자의 힘

우리가 알아차리지 못하면, 감정이 우리 안에서 어떻게 움직이는지 잘 모른다. 그저 파도가 일듯 불안, 화, 슬픔, 짜증 등의 감정이 불쑥 올라오고, 우리는 그 흐름에 휩쓸려 살아가게 된다. 그때 우리의 삶은 마치 춤추는 풍선 인형처럼 바람이 부는 대로 흔들리는 무의식적인 반응의 연속이 된다.

양자역학에서는 모든 입자가 파동성과 입자성의 두 가지 성질을 동시에 지닌다고 한다. 그런데 '관찰'이 이루어지는 순간, 파동은 입자로 바뀐다. 가능성으로만 존재하던 에너지가 어떤 '형태'를 갖추고 드러나는 것이다. 이를 '관찰자 효과'라 하는데, 이 개념은 입자뿐 아니라 우리 삶의 방식에도 적용될 수 있다.

우리가 무의식적으로 반복하는 감정 반응 역시 파동처럼 흘러간다. 그 흐름을 인식하지 않는 한, 우리는 그 감정의 패턴 속에 갇힌 채 반응하며, 풍선 인형처럼 외부 자극에 흔들리는 삶을 살게 된다. 이것은 우리가 의식하는 감정은 빙산의 일각이고, 그 감정을 일으키는 더 깊은 무의식은 바닷속에 잠겨 있다는 것을 의미한다.

그러나 '알아차림'이라는 의식의 흐름이 시작되는 순간, 드러나지 않던 무의식의 파동이 점차 입자화되어 관찰되기 시작한다. 우리가 느끼는 감정은 결과라고 볼 수 있는데, 그 감정을 따라가다 보면 서서히 원인이 드러나고, 무의식의 세계가 의식의 표면 위로 떠오르게 된다. 그것은 우리가 알아차려 주길 바라는 것처럼, 알아차리지 않으면 계속 반복되는 속성이 있다.

감정은 무의식에서 파동의 가능성으로 존재하다가, 우리가 알아차림을 시작하는 순간 입자처럼 형태를 갖추며, 선택하고 변화시킬 수 있는 현실이 된다. 앞에서 말한 에크하르트 톨레 역시, 자신의 내면에서 흐르던 감정의 파동을 관찰함으로써 그것이 입자화되어 삶의 변화가 시작되었다고 볼 수 있다.

알아차림은 무의식 속에 잠들어 있던 감정의 흐름을 의식 위로 불러올리는 일이다. 그때 비로소 보이지 않던 감정의 뿌리가 드러나고, 흐릿하던 내면의 세계가 삶 속에서 모습을 드러낸다.

세 가지 자아의 구조

스크린(경험자아)-경험하는 현실

소프트웨어(기억자아)
-DNA·믿음·관념

사용자(배경자아)-알아차림·관찰자·영혼

그렇다면, 우리 안에 있는 '무엇이 무엇을' 알아차린다는 말일까? 심리학과 명상 이론을 종합하면, 인간의 자아는 보통 세 가지로 구분된다. 지금의 감각과 감정을 직접 경험하는 '경험자아', 흔히 에고(Ego)라고 불리며 과거를 기억하고 해석해 자아 정체성을 형성하는 '기억자아', 그리고 모든 경험을 알아차리는 '배경자아'가 있다. 이를 컴퓨터로 비유하면 이해하기 쉽다. 컴퓨터는 하드웨어, 전기 에너지, 소프트웨어로 구동된다. 이것을 각각 신체(Physical Body), 에너지체(Energy Body), 정보체(Information Body)로 볼 수 있다.

신체는 외부 세계와 접촉하며, 감정과 에너지 상태를 드러내는 매개체로 작용한다. 에너지체는 기(氣), 프라나(Prāṇa), 생명력 등으로 불리며 몸과 마음의 연결 고리로 작용한다. 정보체는 신체와 에너지체를 조율하고 방향성을 부여하는 의식의 차원으로 생각, 신념, 기억, 무의식의 패턴 등 인식 구조를 포함한다.

정보체는 '기억자아'의 기반이 된다. 기억자아는 과거 경험을 중심으로 해석하고 판단하며, 비교하거나 후회한다. 우리가 "나는 누구다."라고 말할 때 떠오르는 '나'는 대부분 이 기억자아다. 이 자아는 주로 과거의 기억으로 구성되어 있다. 기억자아를 알아차리지 못하면, 우리의 생각과 감정은 과거로부터 지배받고 그에 끌려다니게 된다. 헤르만 헤세의 소설『데미안』에는 다음과 같은 알의 비유가 나온다.

새는 알을 깨고 나온다. 알은 세계이다.
태어나려는 자는 하나의 세계를 깨뜨려야 한다.

이 알은 자신을 보호해 주는 틀이자 자아를 의미한다. 우리는 자아라는 틀 안에서 안전함을 느끼며 살아왔지만, 그 틀은 외부 세계와의 연결을 차단하고, 때로는 자신을 가두는 역할을 하기도 한다. 얼마나 많은 믿음과 관념이 우리를 제한하고 있는지 알아차린다면, 그것은 참으로 슬픈 일이다. 태어나려는 자가 세계를 깨뜨려야 하듯, 우리는 알아차림을 통해 나를 제한하는 신념과 관념을 인식하고 그 한계를 넘어설 수 있어야 한다.

경험자아는 말 그대로, '지금 이 순간' 감각하고 느끼며 반응하는 자아이다. 당장 올라오는 불안, 분노, 현재의 호흡, 몸의 감각, 들리는 소리, 눈앞의 세계—이러한 경험들을 직접 느끼는 주체가 바로 경험자아이다. 이는 컴퓨터의 '스크린'에 비유할 수 있다. 컴퓨터 스크린은 내부에서 작동하는 하드웨어(신체), 전기 에너지(에너지체), 소프트웨어(정보체)의 활동을 있는 그대로 투영해 주기 때문이다. 마찬가지로 경험자아는 내면과 무의식을 비추는 창과 같다.

우리 대부분은 기억자아의 필터를 통해 현실을 인식한다. 이를테면 어떤 노래가 들리면 이별의 기억이 떠올라 괜히 우울해지곤 한다. 또한 일상생활에서 경험자아의 생각과 감정을 쉽게 '나'와 동일시하기도 한다. 화가 난 경험자아를 '나'로 인식하면 화에 휘둘리기 쉬워진다. '화=나'라는 동일시 상태에서 '화가 나는 걸 알아차린다.'라는 관점으로 전환되는 순간, '배경자아'가 깨어난다. 명상이나 마음챙김을 통해 배경자아가 깨어나면, 경험자아는 기억자아의 영향에서 벗어나 지금 이 순간을 보다 명료하게 인식할 수 있게 된다.

배경자아는 모든 경험을 지켜보는 깨어 있는 의식, 또는 고요한 알아차림이다. 이것은 '알아차리는 자', '영혼', '본성' 등으로 불리며, 컴퓨터에 비유하자면 '사용자'에 해당한다.

배경자아는 앞 장에서 태양에 비유되었다. 하지만 대개는 기억자아에 가려져 있으며, 경험자아가 기억자아의 왜곡을 벗어날 때 비로소 그 존재가 드러난다. 사랑, 감사, 충만함, 기쁨 같은 감정은 배경자아가 우리에게 보내는 신호이며, 그것은 삶의 방향을 인도하는 내면의 나침반이기도 하다.

필자가 프롤로그에서 소개했던 명상 중 내면의 강렬한 빛과의 만남은 배경자아와의 접촉이었다. 그 경험은, 컴퓨터의 모든 기능이 사용자를 위해 존재하듯, 기억자아와 경험자아 또한 존재의 근원인 배경자아가 자신을 드러내고 인식하기 위해 펼쳐 낸 장(場)임을 깨닫게 되었다.

알아차림은 기억자아와 경험자아의 자동반응에 휘둘리지 않고, 그것들을 지켜보는 배경자아로부터 삶을 바라보며 살아가는 의식의 전환이자 깨어남의 여정이다.

기억자아의 거울: 과거가 현재를 비추는 방식

우리가 경험하는 현실은 지금 이 순간 일어나고 있다고 생각하지만, 실제로는 과거의 경험이 현재에 투사되어 나타나는 경우가 많다. 아침에 일어났을 때 어제의 감정이 배경에 남아 있고, 상사에게 꾸지람을 들으면 과거에 비슷한 경험을 했던 기억자아의 상처가 함

께 올라오며 감정이 증폭되기도 한다. 이처럼 우리는 매 순간 과거의 경험과 기억이 만들어 내는 현실을 무의식적으로 마주하고 있다.

기억자아는 거울에 묻은 얼룩처럼 우리의 인식에 왜곡을 만든다. 위의 그림은 기억자아가 현실을 왜곡하는 모습을 시각적으로 표현한 것이다.

※ 그림 속 거울을 기준으로 나눈 자아 구분

- 기억자아: 일그러진 거울
- 경험자아: 거울에 비친 왜곡된 상
- 배경자아: 거울을 보는 의식

우리가 기억자아의 존재를 알아차리지 못할 때, 기억자아가 만들어 낸 거울 속 상을 현실로 오해하며 살아가게 된다. 이는 정도의 차이는 있을지라도 모든 사람에게 해당되는 현상이다.

명상과 알아차림의 과정은 이 기억의 거울을 닦아 내는 일과 같다. 거울에 얼룩이 있음을 알아차리고, 그 얼룩이 어디서 생겼는지를 바라보는 것이다. 왜곡된 기억자아를 바로잡는 것이 곧 알아차림이며, 그때 우리는 현실을 '있는 그대로' 볼 수 있다.

그리고 왜곡된 거울에 비친 상 뒤에는 늘 고요히 있는 거울을 보는 의식, 즉 배경자아가 존재하고 있음을 깨닫게 된다. 배경자아의 시선으로 자신을 바라볼 때, 우리는 과거의 그림자에서 점차 벗어나 '있는 그대로의 나'를 사랑할 수 있다.

기억자아는 우리의 일상에 끊임없이 영향을 미치는 보이지 않는 렌즈와 같다. 그 렌즈를 알아차릴 때, 우리는 더 이상 과거에 갇힌 존재가 아니라, 현재를 새롭게 창조할 수 있는 존재로 서게 된다.

기억자아의 근원

세 가지 자아의 관계는 3층 구조의 원으로 표현할 수 있다. 경험자아는 창처럼 내면의 모습을 그대로 비춰 준다. 원의 중앙에는 배

경자아가 있지만 기억자아에 가려져 보이지 않는다. 기억자아가 달이나 구름처럼 태양을 가리고 있을 때, 우리의 삶에도 어둠이 찾아오게 된다. 이러한 기억자아는 내가 경험하고 배운 것뿐만 아니라 세대를 넘어 내려온 흔적과 집단 무의식에 이르기까지 다양한 근원을 두고 있다.

※ 기억자아의 근원

- 개인의 경험: 내가 직접 겪은 일, 느낀 감정, 배운 지식

- 진화의 흔적: 생존 본능, 위협에 대한 본능적 반응

- 부모와 조상의 영향: 양육 방식, 가정 분위기, 세대 간 상처

- 사회와 문화: 가치관, 전통

- 집단 무의식: 융이 말한 원형(Archetype) 같은 보편적 패턴

우리는 의식하지 못하는 사이에 이렇게 다층적인 기억자아의 영향을 받는다. 그래서 내 마음의 반응과 해석은 단순히 '나의 문제'가 아니라 개인을 넘어, 세대와 인류 전체가 겪어 온 흔적의 산물인 것이다.

일상에서 부딪히는 대부분의 문제는 기억자아에서 비롯된다. 개인의 경험뿐만 아니라 동물적 본능에서부터 조상의 영향과 집단 무의식에 이르기까지 다양한 형태의 기억자아가 현실을 해석하는 과정에서 오류를 발생시키는 것이다. 이것을 불교에서는 '일체유심조(一切唯心造)'라 했으며, 칸트는 "우리가 아는 세계는 대상 자체가 아니라 마음이 구조화한 현상에 불과하다."라고 했다.

명상·알아차림은 배경자아의 빛을 가리는 기억자아를 하나씩 벗겨 내는 과정이다. 빛을 가리던 장막을 하나씩 알아차리며 벗겨 내다 보면 배경자아로부터 나오는 빛이 일상생활 속에 스며들기 시작한다. 명상·알아차림은 '본래의 나'를 기억해 내고 되돌아오는 과정이다.

2

알아차림의 확장:
의식의 진화

"의식은 몸과 마음의 경계를 초월하여 신성과 하나 되는 여정이다.
명상은 그 통로이다."

―파라마한사 요가난다―

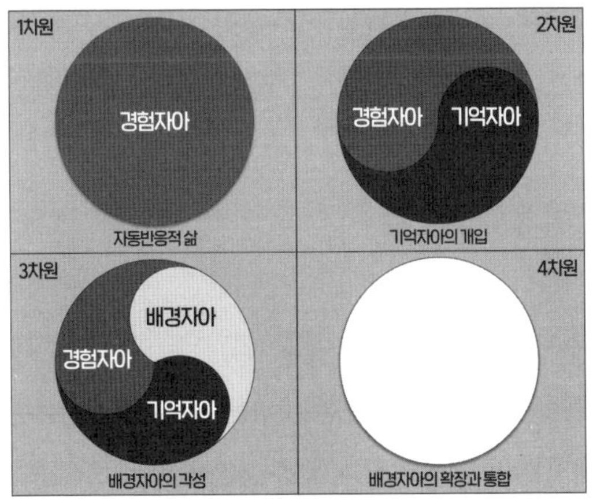

씨앗 한 알 속에는 그것이 적당한 환경이 되었을 때 싹을 틔워 성

장하고, 꽃을 피우고, 열매를 맺을 수 있는 일종의 '의식'이 내재되어 있다. 조그마한 씨앗은 성장함에 따라 의식이 점차 확장되며 큰 나무로 자라난다. 한 점에서 시작한 우주도 무한히 확장하고 팽창하면서 '의식의 확장'을 경험하는 듯하다. 이러한 현상은 마치 의식 자체가 '성장과 확장'을 갈망하는 속성을 지닌 것처럼 느껴지게 한다.

우리도 누구나 정신적이든, 삶의 차원에서든 '의식의 성장과 확장'을 본능적으로 추구한다. 자기 계발을 위해 노력하고, 직장에서는 승진하고 싶어 하고, 여행을 통해 새로운 세상을 경험하고 싶어 하며, 심지어 마약을 사용하는 것조차도 '나'란 틀에서 벗어나 의식의 확장을 경험하고자 하는 무의식적인 욕구에서 비롯된 것일 수 있다. 그렇다면 우리의 의식이 '성장과 확장'의 관점에서 어떻게 진화해 나갈 수 있는지 살펴보자.

1차원-자동반응적 삶

첫 번째 차원은 경험자아가 주도하는 상태이다. 삶의 흐름이 외부의 자극에 자동적으로 반응하는 경험자아에만 머무르는 것이다. 이 단계에서는 생존 중심의 본능과 충동에 따라 반응한다. 배고프면 먹고, 불안하면 피하고, 위험하면 방어하는 식의 즉각적으로 반응하는 삶이 여기에 해당한다.

자아는 '지금 여기'의 경험에 완전히 휩쓸린다. 감정과 생각에 동일시되며, 그것을 성찰하거나 관찰하는 능력은 미약하다. 우리의 의식은 대부분 무의식적으로 작동하고, 외부 자극에 따라 자동으로 반응하는 삶을 살아간다.

1차원의 삶은 아기나 동물이 살아가는 방식과 유사하다. 감각에 즉각 반응하고, 고통은 피하고 쾌락은 추구하며, 의식적인 선택이 아닌 본능에 의해 움직이는 삶이다. 우리 또한 일상 속에서 에너지가 고갈되거나 깨어 있지 않을 때, 종종 이와 같은 1차원의 상태에 머무르게 된다.

2차원-기억자아의 개입, 과거의 기억이 현재를 가리다

두 번째 차원에서는 삶에 기억자아가 개입하기 시작한다. 아이는 성장하면서 외부 환경과 부딪히며 자신만의 관념 또는 믿음을 형성하기 시작한다. '나는 부족해.', '사람들은 나를 싫어해.' 같은 생각들이 정보체를 이루고, 이는 나이가 들수록 더욱 강화된다.

기억자아는 과거의 경험을 바탕으로 나를 보호하지만, 그 경험에 대한 해석을 현실에 투영해 실제를 있는 그대로 보지 못하게 하며, 기억과 결합된 심상(心像)을 경험하게 만든다.

기억자아가 현재의 경험에 영향을 미치는 것을 이해하기 위해, 과거 좋아했던 노래를 다시 들어 보자. 노래를 듣다 보면 그 당시의 나, 그때의 감정과 이미지까지 떠오르는 경험을 하게 된다. 우리가 일상생활에서 경험하는 대부분의 부정적 감정들은, 과거의 경험과 해석이 무의식적으로 반영된 결과일 수 있다.

또한, 여행을 할 때 기쁨과 자유를 느끼는 것은, 기억자아가 익숙한 환경과 반복된 해석의 틀에서 잠시 벗어나 새로운 자극을 경험하기 때문으로 해석할 수 있다. 이 순간, 과거에 얽힌 해석이 약해지고 현재의 경험이 더 선명하게 다가오면서 해방감을 느낀다.

3차원-배경자아의 각성, 알아차림의 시작

이 차원에서는 드디어 '나'를 바라보는 새로운 관점이 열리며, 영성의 각성이 시작된다. 2차원에서 땅을 딛고 뛰어다니다가, 3차원으로 도달해 하늘을 나는 것과 같다. 그 변화는 '알아차림'의 등장, 곧 배경자아의 깨어남으로 시작된다. 그동안 나와 동일시해 온 몸, 생각, 감정, 기억 너머에서 모든 것을 지켜보고 있는 '관찰자'의 존재를 자각하게 된다.

이전까지는 생존, 분리, 갈등, 투쟁의 연속이며 불안과 두려움이 지배하는 삶이었다. 배경자아가 깨어나면, 경험자아의 자동반응과 기억자아에 의한 해석과 판단에서 점차 벗어나게 된다. 억압된 감정과 무의식적 반응은 서서히 드러나고, 자기 성찰과 치유, 그리고 통합이 자연스럽게 일어나기 시작한다. 배경자아가 더 깨어날수록 우리는 존재의 근원과 깊이 연결되어, 더 큰 기쁨과 평화를 경험한다.

4차원-배경자아의 확장과 통합

알아차림이 더욱 깊어지면, 배경자아에 머무는 시간이 점점 길어진다. 이때 우리의 의식에는 변형과 확장이 일어난다. 분리에서 통합, 저항에서 수용, 생존에서 공존, 갈등에서 화해, 불안에서 평화, 두려움에서 사랑, 구속에서 자유, 결핍에서 풍요, 증상·질병에서 치유, 과거·미래에서 현재, 추구에서 존재로의 전환이 일어난다. 그 순간, '모든 것이 있는 그대로 완전하다'는 내적 각성이 일어난다.

모든 경험을 지나가는 구름처럼, 흘러가는 물처럼, 판단도 저항도 없이 '있는 그대로' 수용하고 알아차릴 뿐이다. 이것은 '고요한 깨어 있음'이며, 에크하르트 톨레가 말한 '지금 이 순간'의 본질이고, 불교에서는 '무아(無我)'*로, 현대 심리학에서는 '완전한 자각과 통

---

* 불교의 핵심 개념으로, 고정된 실체로서의 자아가 없다는 깨달음을 의미함.

합'의 상태로 이해할 수 있다.

이 네 차원은 고정된 단계가 아니라, 우리 모두가 일상에서 오가는 의식의 흐름이다. 화가 날 때는 1차원에 있고, 누군가를 비난할 때는 2차원에 머무르며, 명상 중에는 3차원의 관찰자가 깨어날 수 있다. 때로는 완전한 수용과 고요함 속에서 4차원의 존재를 맛보게 된다. 알아차림이 깊어질수록, 우리는 경험자아와 기억자아에 휘둘리지 않고, 배경자아라는 깨어 있는 의식의 자리에서 삶을 살아갈 수 있게 된다. 그것이 곧, 의식의 진화이다.

3No 명상:
배경자아 알아차리기

"생각이 멈추고, 과거의 기억이 사라지며, 오직 순수한 관찰만이 있을 때,
마음은 텅 비게 된다. 그 텅 빈 상태 안에서 진정한 창조가 일어난다."

―크리슈나무르티―

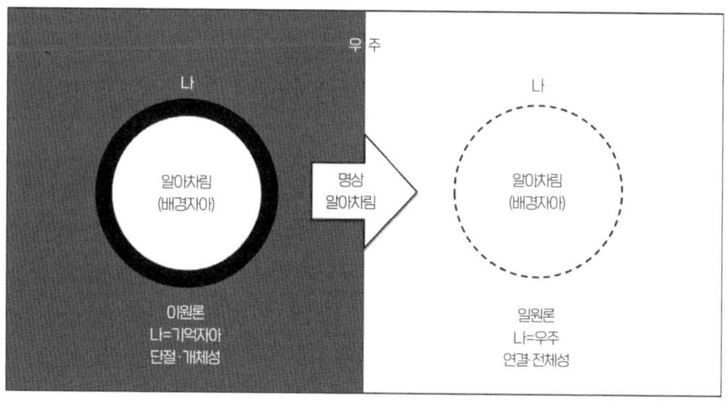

우리는 일상생활에서 '나'라는 렌즈를 통해 세상을 인식한다. 이때의 '나'는 자아 또는 기억자아라고 할 수 있다. 자아는 몸, 생각, 감

정, 기억 등으로 구성된 정체성의 중심이며, 우리를 안전하게 지켜 주고 성장과 발전을 도와주는 역할을 한다. 하지만 동시에, 성장과 확장을 가로막는 심리적 '틀'이 되기도 한다.

앞의 그림에서 왼쪽 부분은 자아의 틀 안에 갇혀 있는 상태를 보여 준다. 자신만의 색안경으로 세상을 보기 때문에 세상은 자아의 색으로 왜곡되어 인식되고, 세상과의 연결은 점점 차단된다. 그 결과, 자아는 고립감과 분리감을 만들어 낸다.

명상이나 알아차림의 상태에서는 자아의 틀이 서서히 흐려진다. 깊은 명상 중에는 시공간을 인식하는 우뇌의 영역과, 몸의 감각을 담당하는 좌뇌의 영역이 활동이 잦아들면서, '나'라는 개념이 희미 해지기 시작한다. 자아의 장막이 서서히 걷히며, 그 너머에 있던 배경자아가 조금씩 드러나기 시작한다.

'나'와 '세상'을 나누고 있던 경계가 사라지면, 안과 밖의 구분이 사라진다. 이때 존재는 무한히 확장되어, '나'와 '우주'가 하나처럼 느껴진다. 경계가 없기에, 모든 것이 서로 연결된 하나의 전체로 경험된다. 이 상태를 '공(空)'이라 부르거나, '텅 빈 상태'라고 표현하기 도 한다. 판단도 집착도 없는, 그저 고요하고 맑게 깨어 있는 알아차 림의 상태다.

양자역학에서 말하는 양자장(Quantum Field)[*]은, 우주에 존재하는 모든 입자와 에너지, 정보가 솟아오르는 근원이라고 한다. 겉으로는 아무것도 없어 보이지만, 그 안에는 무한한 잠재성이 깃들어 있다.

명상 중에 경험하는 이 텅 빈 공간은 바로 그 무한한 잠재성과 창조, 치유, 그리고 정신 통합이 이루어지는 자리다. 아무것도 없기에 모든 것이 가능하고, 비어 있기에 어떤 것도 들어올 수 있는 이 공간은, 분열되어 있던 감정과 기억, 억눌린 무의식의 조각들이 다시 하나로 모이고 조화를 이루는 내면 통합의 장이다. 이 침묵과 고요 속에서 우리는 삶의 상처를 치유하고, 흩어진 나를 다시 하나로 회복하며, 본래의 온전함을 회복해 간다.

그렇다면 어떻게 생각과 감정 너머의 배경자아와 만날 수 있을까? 수많은 명상법이 이 질문에 대한 시도라고 할 수 있다. 가장 일반적이고 효과적인 방법은, 지금 이 순간 몸에서 일어나는 호흡을 관찰하는 것이다. 필자를 포함한 많은 이들이 배경자아를 보다 쉽게 체험할 수 있는 방법을 고민하던 중, '3No 명상'이라는 간단한 방식을 고안하게 되었다. 핵심은 '나'라는 관념을 잠시 내려놓고, 늘

---

* 양자역학에서 모든 물질과 에너지를 생성하는 근본적인 장(場)으로, 진공 상태조차도 에너지와 입자의 잠재성이 존재한다고 본다.

그 자리에 있었지만 가려져 있던 배경자아가 저절로 드러나도록 돕는 것이다.

3No **명상**

먼저 편안한 자세로 앉아 몸의 긴장을 풀고, 의식을 호흡에 집중한다. 이완을 돕기 위해 심호흡을 세 번 천천히 한다. 코로 깊이 들이마시고, 날숨은 들숨보다 조금 더 길게 입으로 내쉰다. 그 후에는 몸이 이끄는 대로 자연스럽게 호흡하면서, 다음 문장을 들숨과 날숨의 리듬에 맞춰 천천히 되뇐다.

내/ 몸은/ 내가/ 아니다/
내/ 마음은/ 내가/ 아니다/
내/ 것은/ 하나도/ 없다

되풀이할 때는 생각보다는 몸의 감각과 울림에 집중한다. 그러다 보면 몸과 생각, 감정은 차츰 의식의 뒤편으로 물러나고, 동시에 배경자아가 서서히 드러나며 그저 '존재한다'는 느낌 안에 머물게 된다.

필요하다면 보조 진언으로 "내/ 몸은/ 변화/ 한다/ → 내/ 마음도/ 변화/ 한다/ → 변하는/ 것은/ 내가/ 아니다"를 호흡과 함께 되뇌어도 좋다. 마음의 저항이 적고 더 편안하게 다가오는 쪽을 선택하면 된다. 몸과 마음의 변화를 점차 알아차리고, 고정된 '나'가 없다는 사실이 주는 내면의 울림에 집중한다.

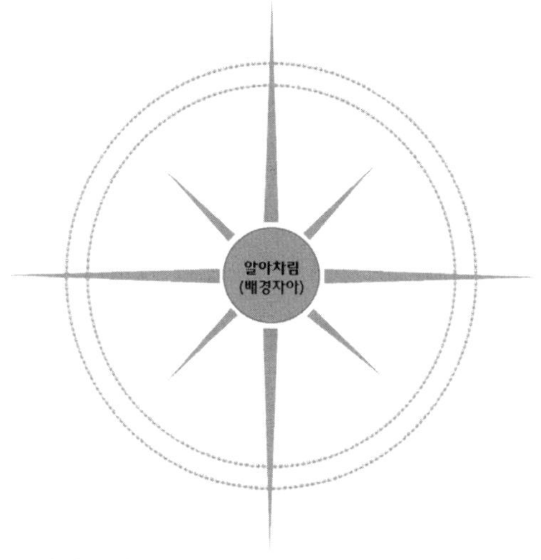

※ 3No 명상 정리

- Nobody: 내 몸은 내가 아니다.

- No one: 내 마음은 내가 아니다.

- Nothing: 내 것은 하나도 없다.

⇒ '존재한다'는 느낌 안에 머문다.

이 명상은 이해가 아니라 체험으로 이루어져 있다. 몸도, 생각도, 감정도 내 것이 아님을 반복 속에서 체험하다 보면, '나'라는 개념조차도 수많은 조건이 잠시 모여 이루어진 모습임을 알게 된다. 고정된 자아라는 생각은 옅어지고, 모든 것이 인연에 기대어 잠시 존재한다는 연기(緣起)[*]의 진실이 자연스레 드러난다.

초심자를 위한 팁

처음 이 명상을 하면 '왜 내 몸이 내가 아니지?' '내 마음이 내가 아니라고?' 하는 의문이 일어날 수 있다. 그럴 때는 '내가 저항하는구나.' 하고 알아차리고, 그 생각조차 흘려보내면 된다. 저항은 잘못된 것이 아니라 자연스러운 과정이며, 알아차림의 대상이 될 수 있다. 억지로 이해하려 하지 말고, 진언을 되뇌는 순간마다 몸과 마음이 조금씩 가벼워지는 느낌에 집중한다. 이해는 시간이 지나 자연스럽게 따라오므로, 처음에는 호흡과 반복 그 자체에 머물며 몸의 감각을 온전히 관찰한다.

---

[*] 모든 현상이 고정된 실체 없이 서로 의존하여 생겨난다는 불교의 핵심 가르침.

4

명상의 확장:
나를 넘어 우리로

"평화는 미소 짓는 한 사람에게서 시작된다."

−마더 테레사−

명상을 하는 이유는 저마다 다르다. 몸과 마음을 이완하고 스트
레스를 푸는 것일 수도 있고, 자신과 타인을 더 깊이 이해하기 위해

서일 수도 있다.

　우리의 본성은 맑고 순수하며 어떤 한계도 없다. 어린아이는 과거나 미래를 걱정하지 않고 지금 이 순간을 온전히 살아간다. 그러나 성장하며 겪은 경험과 부모, 사회가 심어 준 틀은 점점 우리를 제한하고, 그 믿음은 세대를 거쳐 개인과 사회에 다양한 형태로 드러난다. '나는 부족하다.', '사랑받을 자격이 없다.' 같은 개인의 믿음부터 종교, 국가, 이념 같은 사회적 틀까지, 이는 보호 장치이기도 하지만 가능성을 가두는 울타리이기도 하다. 그래서 우리는 감정과 씨름하며 하루를 보내고, 세상 곳곳에서는 갈등과 전쟁이 이어진다.

　해야 할 일에는 최선을 다하지만, 쉴 때조차 불편한 감정을 놓지 못해 스스로를 괴롭힌다. 감정이 올라오면 흔히 그 원인을 외부에서 찾지만, 진짜 뿌리는 내 안에 있다. '이 감정을 일으킨 내 믿음은 무엇일까?' 하고 묻는 순간, 의식은 바깥에서 안으로 향한다.

　감정의 뿌리를 알아차리는 데는 시간이 걸린다. 그러나 한번 그 뿌리를 보게 되면 훨씬 자유로워지고, 알아차림이 반복될수록 부정적 감정의 힘은 약해진다. 상처 입은 과거의 자아를 알아차리고 품어 줄 때, 그 자아는 해방되고 평화를 되찾는다. 알아차림은 나를 구속하는 생각과 감정을 드러내고, 그 뿌리가 무의식 속 관념임을 깨닫게 한다. 그 순간 관념은 더 이상 나를 지배하지 못한다. 틀들이

하나씩 벗겨지며, 내면은 점점 가벼워진다.

명상의 목적은 우리를 얽매던 틀에서 벗어나, 본래 지니고 있던 순수함과 평온, 자유를 되찾는 것이다. 그리고 그 길은, 마치 애벌레가 나비가 되는 과정과 닮아 있다. 나비가 되고 나서야, 애벌레로서 겪었던 모든 고통과 환경이 내면의 날개를 깨우기 위한 것이었음을 이해하게 된다.

개인이 내면의 평화를 되찾으면, 그 평화는 자연스레 주변으로 퍼져 나간다. 내가 평온하면 가족에게도 다정할 수 있고, 친구에게도 따뜻한 마음을 전하게 된다. 이렇게 시작된 평온은 주위로 퍼져 가며 조금씩 사회 전체로 확장된다. 그리고 이러한 변화는 사회 속에서 공감과 연결의 흐름을 만들어 낸다. 마치 서로의 날갯짓을 북돋아 주는 상승기류처럼, 우리 각자의 평온이 세상을 조금 더 부드럽고 따뜻하게 감싸게 된다.

"나의 마음을 구속하는 믿음·관념은 무엇인가요?"

1. 자주 반복되는 감정이나 상황을 적어 보세요.

■ 자주 느끼는 불편한 감정이나, 비슷한 상황에서 반복되는 반응이 있다면 적어 보세요.

　예) 누군가 내 의견을 무시하면, 참기 힘든 분노가 올라온다.

➡

➡

➡

2. 그 감정 아래에 있는 '틀(믿음, 관념)'을 찾아보세요.

■ 위 감정이나 반응은 어떤 '내면의 말'에서 비롯되었을까요?

■ 마치 속으로 혼잣말하듯 떠오르는 말을 적어 보세요.

　예) "나는 약해 보이면 안 돼." "항상 잘해야만 인정받을 수 있어."

➡

➡

➡

3. 이 믿음은 어디에서 생겼을까요?

누구의 말이었을까요? 또는 어떤 경험에서 비롯되었을까요?

☐ 내가 스스로 만든 것 같다

☐ 부모나 선생님, 주변 어른의 말이었다

☐ 사회나 문화에서 기대했던 모습 같다

4. 이 믿음이 내 감정, 행동, 몸 상태, 관계에 어떤 영향을 주고 있나요?

■ 이 믿음이 작동할 때 나를 어떻게 조종하거나 제한하는지, 그로 인해 감정이나 몸의 긴장이 어떻게 변하는지를 일상 속 예시로 떠올려 보세요.

　예) 항상 긴장하고, 실수에 민감하며, 다른 사람의 평가에 쉽게 흔들린다.

➡

5. 만약 이 믿음을 조금 내려놓을 수 있다면, 나는 어떤 모습으로 달라질 수 있을까요?

■ 이 믿음이 약해졌을 때 느낄 수 있는 감정의 변화나 새로운 선택의 가능성을 상상해 보세요.

　예) 실수해도 나를 이해할 수 있을 것 같고, 더 편하게 나를 표현할 수 있을 것 같다.

➡

"믿음과 관념을 내려놓을 때, 내 안의 자유가 조금 더 자랍니다."

5

명상, 본래의 나로
되돌아가는 길

지금까지 우리는 '의식 진화의 여정'에 대해 살펴보았다. 우리의 영혼, 혹은 배경자아는 늘 메시지를 건네고 있다. 그것은 말이 아닌, 몸의 감각이나 미묘한 울림을 통해, 지금 어디로 향해야 하는지 삶의 방향을 알려 준다.

그러나 모든 것은 때가 되어야 비로소 자연스럽게 이루어진다. 한겨울에 꽃이 피기를 바란다고 해서, 꽃이 피지는 않는다. 냉혹한 시간을 견디고, 계절이 바뀌고, 따뜻한 산들바람이 불어올 때, 꽃은 어느덧 피어난다. 이 모든 것은 꽃을 피우기 위한 과정이며, 겨울 없이 봄이 찾아오지 않는다.

필자가 20대에 내면의 빛을 경험하고, 그것이 영혼이라는 것을 어렴풋이 느꼈지만, 삶 속에서 그 작용 원리를 이해하는 데에는 20여 년의 시간이 더 필요했다. 그리고 지금도 여전히, 그것을 더 깊이 이해하는 과정 속에 있다. 그것의 작용 원리를 이해할 수 있었던 힘은 사실, 수많은 시행착오와 흔들림에 있었다.

삶 속에서 벌어지는 흔들림을 어떻게 받아들이느냐가 중요하다. 그것으로부터 빨리 벗어나려 하거나 저항하면, 오히려 더 불편해진다. '지금은 잘 모르지만, 어떤 의미가 있을 거야.' 하고 수용해 주는 편이 낫다. 비포장도로를 달리는 버스를 탔다고 생각해 보자. 버스는 노면의 굴곡에 따라 심하게 흔들린다. 그런 버스 안에서 흔들리지 않으려고 하면, 몸은 더욱 긴장한다. 오히려 긴장을 풀고, 흔들림에 몸을 맡겨 보는 것이다. 이 비유를 삶에도 적용해 보자.

명상은 단지 가만히 앉아 호흡하는 시간을 의미하지 않는다. 그것은 삶을 대하는 태도이며, 매 순간을 살아가는 방식이다. 삶과 분리된 명상은 지속하기 어렵고, 명상과 분리된 삶은 방향을 잃기 쉽다.

명상은 곧 알아차림이다. 일상 속에서 일어나는 행동, 생각, 감정을 의식적으로 바라보는 것이다. 알아차림은 의식적인 선택을 가능하게 하고, 그것이 없으면 무의식적인 자동반응으로 흘러가게 된다. 부정적인 생각이 떠오르거나 불편한 감정이 일어나더라도, '아,

내가 지금 불안을 느끼고 있구나.'라고 알아차리는 그 순간이 바로 명상이 된다. 이처럼 알아차림은 불필요하게 이어지던 생각의 고리를 끊어 주고, 저항하던 태도는 수용으로 바뀌며, 경험자아와 기억자아의 주도권은 배경자아로 옮겨지게 된다.

명상은 삶의 흔들림을 멈추게 하는 것이 아니다. 오히려 그 흔들림과 함께하며, 그 속에서 내면이 전하는 메시지에 귀 기울이는 마음의 태도다. 그 태도는 우리 안의 지혜를 일깨우고, 마음의 고향으로 안내해 준다. 명상은 우리가 본래 왔던 곳으로 되돌아가는 길이다.

6

21일간의 단식 수행기
자아를 넘어 본성으로

앞서 필자는 두려움을 넘고자 행한 21일 수행기를 소개했다. 이 수행을 통해 그동안 쌓아 두었던 감정적 부산물들을 정화하고, 내면의 대청소 작업을 할 수 있었지만, 수행이 끝난 뒤에는 아쉬움도 남았다. 그것은 '자아'가 여전히 내면의 빛을 가리고 있었기 때문이다.

자아를 넘어 보고자 처음으로 단식을 결심했고, 총 21일간의 단식 수행에 들어갔다. 감식 3일, 본단식 7일, 유동식 2일, 회복식 4일, 자연식 5일로 구성된 일정이었고, 현기증이 올 때를 대비해 꿀을 준비해 두었다. 방법은 이전 수행과 동일하게, 그저 호흡을 하며 내면을 관찰하는 것이었다. 20대에 우연히 경험했던, 어딘가에 있을 법한 내면의 아련한 빛을 따라 무작정 걸어가 보기로 했다.

오로지 내면에만 집중하기 위해 모든 외부 정보를 차단했다. 이전 21일 수행에서는 하루에 한 번 산책을 했지만, 이번에는 아예 문밖을 나가지 않았고, 가까운 지인들에게 상황을 미리 알린 뒤 휴대폰 전원을 꺼두었다. 바깥도 보지 않으려 커튼을 모두 내렸고, 화장실에 있는 거울조차 자의식을 자극한다는 걸 알아차리고 종이로 가려 두었다.

단식이 시작되던 첫날, 마음은 불안으로 가득했다. '단식을 해야 한다'는 심리적 압박감은 현존으로부터 나를 멀어지게 했고, 그 불편한 마음을 있는 그대로 바라보려 애썼다.

이틀째 날은 머리를 잠시 내려놓고, 가슴에 집중하기로 했다. 복잡한 생각은 잠시 멈추고, 앞으로는 더 가볍고 즐겁게 살아야겠다는 다짐이 들었다.

사흘째 되는 날, 불안의 진짜 원인은 결국 '나'였음을 깨달았다. 잘 살고 싶고, 수행을 통해 무언가를 이루고 싶어 하는 자아의 욕망. 그 모든 것을 내려놓고 생명까지도 하늘에 맡기며, 그저 텅 빈 상태가 되기로 했다.

드디어 단식의 본격적인 시작. 기운이 빠지고 몸이 무겁게 느껴졌지만, 명상에 들어가니 몸은 사라지고 마음도 조용해졌다. 그동안 혹사했던 몸과 마음을 정화하며 새롭게 태어나겠노라 다짐했다.

다음 날 새벽, 현기증이 났지만 꿀물을 마시고 회복되었다. 명상이 잘 되지 않았지만, '먹어야 한다'는 생각을 놓아 버리자 마음은 한결 가벼워졌다. 음식이 몸에 들어오지 않자, 몸과 마음은 마치 '생존 모드'로 전환되어 활동을 최소화하는 것처럼 느껴졌다. 온몸에는 기운이 없어 움직임이 느려졌고, 마음도 생각의 파도가 정지한 듯했다. 그 덕분에 명상 중 모처럼 강한 현존의 체험이 찾아왔다. 그 순간, 모든 것이 감사했다.

단식 삼 일째, 음식에 대한 집착은 완전히 사라졌고, 몸은 매우 가벼워졌다. 마음도 더욱 고요해지면서 오직 내 안의 중심에만 집중할 수 있었다. 꿀물 한 잔에서도 꿀벌과 나무, 자연의 생명력과 나와의 연결을 느낄 수 있었다. 우리는 결코 분리된 존재가 아니었다. '어차피 죽을 몸이라면, 깨닫고 죽자.' 이러한 결심은 이상하게도 힘이 되었고, 명상도 더욱 깊어졌다. 마음은 명상의 방해가 아니라, 그 과정을 돕는 동반자임을 알게 되었다.

단식 네 번째 날, 체중이 많이 빠졌지만, 명상 중 깊은 평화가 찾아왔다. 내려놓음으로써 현존이 존재를 가득 채워 평화로웠고, 그 에너지를 지구 전체로 확장하는 상상을 했다. 마음에게 놀잇감을 주듯 호흡이나 '나는 누구인가.'와 같은 말을 맡기면 깊은 명상 상태, 즉 '삼매(三昧)*'가 지속되었다. 명상이 두발자전거를 배우는 것이라면, 삼매를 유지하는 일은 마치 외발자전거 위에서 균형을 잡듯, 매 순간 깨어 있어야만 가능한 일이었다.

단식 다섯 번째 날, 삼매 속에서도 '나'라는 자아는 작용하고 있었다. 하지만 긍정적이고 높은 각성 상태에서 빠르게 알아차림이 일어나 마음은 흔들리지 않았다.

단식 여섯 번째 날, 내면의 깊은 곳에서는 세상에서 '내가 무엇을 하느냐'는 중요하지 않게 느껴졌다. 단지 이 생명과 에너지를 우주의 흐름에 맡기면 되는 것이었다. 죽음명상을 하면서, 몸과의 연결이 사라지는 것을 관찰하고, 삶을 돌아보며 자아의 속삭임을 바라보았다. 직접 만든 명상 유도문을 따라가며, 온몸에 퍼지는 에너지와 고요 속에서 '나는 누구인가.'라는 질문을 던졌다. 자아의 생각이 멎는 순간, 경계가 사라지고 우주와 하나 되는 감각이 찾아왔다.

단식 일곱 번째 날 아침, 나에서부터 건물, 도시, 대한민국, 지구

---

* 잡념이 사라지고 깊은 집중 상태에 이른 명상 상태를 의미하며, 불교에서 흔히 사용되는 용어이다.

로 점차 의식을 확장하는 명상을 통해, 나는 지구라는 생명체의 작은 세포일 뿐이라는 자각이 들었다. 어떤 세포가 될 것인가? 암세포가 아닌, 면역세포로 살아가야 함을 되새겼다.

하지만 어느 순간, 명상이 끊기고 답답함이 밀려오기도 했다. 에너지의 흐름이 막힌 듯 명상이 되지 않았고, 마음의 장벽을 넘기가 어려웠다. 그럴 땐 목욕을 하고 몸을 깨워 수련에 다시 집중했다. 현존의 포근함 속에 있는 시간이 가장 기쁜 시간임을 새삼 느꼈다.

먹어야 한다는 생각을 내려놓은 것이 너무 편해서 좋았지만, 원래 저체중인 데다 체중이 급격히 빠진 상태여서 단식을 계속하는 것은 위험하다는 판단이 들었다. 단식을 끝내고 유동식을 시작하려니, 음식을 먹어야 한다는 귀찮은 마음과 먹고 싶은 마음이 공존했다. 소식하되 건강한 음식을 기쁘게 먹는 것이 곧 우주와 좋은 관계를 유지하는 일임을 알았다.

아기의 상태는 본성과 가깝다는 생각이 들었다. 미래나 과거에 있지 않고 오직 지금 여기에만 머무는 순수한 존재. 명상 중 나 또한 본성과 연결되어 아기와 같은 상태가 된다. 마음속에 떠오르는 생각들을 바라보며, 그것들이 자아의 교묘한 작용임을 하나씩 분별해 냈다. 마음은 늘 현재를 벗어나려는 존재였고, 끊임없이 나를 밖으로 몰아냈다. 인간의 근원적 고통은 몸과 영혼은 현재에 존재하지만, 마음은 그렇지 않다는 데 있다. 마음은 몸과 영혼을 이어 주는 역할을 하는데, 마음이 몸에서 너무 멀리 떠나 있을 때, 몸은 통증을 통해 멀리 있는 마음을 몸 즉, 현재로 불러들인다. 몸이 불편한 이유는 바로 그 거리 때문이었다.

충간소음으로 시작된 감정은 마음의 작용을 한층 더 이해하게 해 주었다. 위층의 소음으로 명상 중 깨어나는 일이 반복되며 '화'가 올라오기 시작했다. 머리로는 정리를 했지만, 가슴에서는 여전히 화가 남아 있었다. 화에 저항하는 마음을 알아차린 순간, 그것을 내려놓을 수 있었다. 결국 소음을 들은 것도 나이며, 그것에 불쾌한 의미를 부여한 것도 나였다. 문제는 소음이 아니라 나 자신이었다. 이 깨달음 이후 화는 사라지고 다시 평화가 찾아왔다.

유동식 이틀째, 먹는 것이라곤 밥알이 없는 밥물뿐이어서 몸무게가 계속 빠지고, 기운도 없었다. 명상이 잘 되지 않을 때가 많았지만, 마음은 늘 평온했다.

회복식 첫째 날부터 밥알이 있는 죽을 먹기 시작했다. 죽 한 숟가락을 입에 넣고 100번씩 씹었는데, 그 맛은 평생 잊을 수 없는 깊은 체험이 되었다. 밥의 고소한 향이 입안을 가득 메웠고, 그 에너지가 온몸으로 퍼지는 듯했다.

천국과 지옥이 내 안에 있음을 알았다. 세상 속에서 자아는 늘 전투 상태에 놓인다. 누군가에게 인정받아야 하고, 뒤처지지 말아야 하며, 더 나은 무언가가 되어야 한다는 마음은 쉼 없이 자아를 몰아붙인다. 이러한 생존 모드는 감정과 스트레스를 축적시키고, 결국 몸과 마음을 병들게 만든다. 그러자 문득 알게 되었다. 지금까지 괴로움을 만들어 낸 것도, 평화를 막아선 것도 모두 내 마음이었다는 사실을. 모든 것은 마음이 생성해 낸 상(相)이었고, 그 허상을 붙잡고 있었던 내가 스스로 지옥을 만들고 있었던 것이다. 이를 자각하자, 그것에 마음이 동요되지 않고, 그저 일어나는 모든 것을 바라보는 관찰자가 되었다.

회복식으로 들어서며 체력은 조금씩 회복되었지만, 오히려 마음의 작용이 강해져 명상은 더 어려워졌다. 하지만 이 또한 새로운 과제였다. 본성과 자아, 명상과 일상 사이에서 균형을 찾아야 할 시간이었다.

마지막 자연식 기간에는 그동안 억눌려 있었던 식욕이 엄청나게 올라오기 시작했다. 명상을 하면서도 '무얼 먹을까?' 하고 생각에 잠기기 일쑤였고, 음식을 먹으면서도 '더 먹고 싶다'는 생각이 계속 올라왔다. 결국 조절하지 못한 식욕은 과식과 소화불량으로 이어졌다. 이러한 몸의 반응은 또 다른 교훈을 주었다. 욕구는 억제되면 반드시 부작용이 따르며, 그 억제된 에너지는 언젠가 다른 방식으로 분출된다는 사실이었다.

우리의 모든 욕구는 존중받아야 한다. 그것은 우리의 생존과 안전을 지켜 주기 위해 존재하기 때문이다. 어떤 욕구가 올라올 때 그것을 억누르기보다는, 있는 그대로 알아차리고 비판 없이 안아 주는 연습이 필요하다. 그럴 때 욕구는 더 이상 나를 지배하지 않고, 나의 일부분으로 자연스럽게 흘러갈 수 있다.

이렇게 21일간의 단식 수행을 마치고 일상으로 돌아왔다. 그러자 자아가 다시 삶의 주도권을 쥐기 시작했고, 과거와 같은 상황을 접하자 과거의 생각과 감정들이 고개를 내밀기 시작했다. 완전히 새로운 사람이 된 줄 알았는데, 어느새 다시 예전의 모습으로 돌아가고 있었던 것이다. 그런 내 모습이 싫어 명상에 매달려 보았지만, 수행 기간 동안 경험했던 그 심연의 세계는 좀처럼 다시 열리지 않았다. 마음은 점점 초조해지기 시작했다. 마치 포근한 부모 품에서 벗어나기 싫어 유치원 가기를 거부하는 아이처럼, 나는 영혼의 포근한 품에 집착하고 있었던 것이다.

그러나 그러한 흔들림은 또 다른 통찰로 이어졌다. 그것은 우리의 삶이 영혼과 자아라는 두 개의 수레바퀴가 균형을 이루며 굴러가야 한다는 것, 그리고 한쪽으로 치우치면 흔들릴 수밖에 없다는 사실이었다.

글을 쓰고 있는 지금, 영혼과 자아가 각자의 역할을 충실히 하며 삶의 수레를 균형 있게 굴리고 있음을 느낀다. 영혼은 지혜를 전해 주고, 기쁨이라는 감정을 통해 이 일이 의미 있으니 계속하라고 말해 준다. 자아는 영혼의 뜻을 따르며, 동시에 이 일이 자신의 욕구 충족에도 도움이 된다는 것을 알기에, 하루 종일 글쓰기에 매달리면서도 불평하지 않는다. 이처럼 영혼과 자아의 욕구가 어느 한쪽의 희생이 아닌, 서로 조화를 이룰 때, 삶의 수레는 흔들림 없이 나아간다.

1. 알아차림은 무의식의 흐름을 의식으로 끌어올려 참된 자아를 깨우는 내면의 전환이다.

- 감정과 생각에 휘둘리던 삶에서 벗어나, 그 흐름을 지켜보는 자각이 시작되는 순간 변화가 일어난다.
- 그 자각은 기억자아와 경험자아를 넘어, 모든 것을 지켜보는 배경자아와의 만남으로 이어진다.

2. 의식은 자동반응에서 깨어나 점차 확장과 통합의 방향으로 진화한다.

- 1차원에서 4차원까지의 의식의 흐름은 무의식적 반응에서 배경자아로 이동하는 여정을 보여 준다.
- 의식이 깊어질수록 우리는 과거의 틀에서 벗어나 보다 넓은 시야와 수용으로 삶을 살아가게 된다.

3. 판단 없이 바라보는 태도는 배경자아를 일깨운다.

- 판단하지 않고, 저항하지 않고, 동일시하지 않는 3No 태도는 깊은 알아차림을 가능하게 한다.
- 그럴 때 고정된 '나'라는 관념이 사라지고, 무한한 가능성으로 열

린 본래의 배경자아가 드러난다.

4. 명상은 감정과 신념의 뿌리를 통찰하고, 평화가 타인에게까지 확장되는 여정이다.

- 내면의 상처를 알아차리고 품어 주는 순간, 그 고통은 힘을 잃고 평온으로 바뀌기 시작한다.
- 한 사람의 평화가 또 다른 평화를 부르고, 그 울림은 사회 전체를 따뜻하게 감싸게 된다.

5. 명상은 삶과 분리되지 않으며, 본래의 자리로 돌아가는 일상의 태도이다.

- 일상의 흔들림 속에서 지금 이 순간을 바라보는 알아차림이 곧 명상이 된다.
- 그 태도는 우리 안의 지혜를 깨우고, 고향처럼 익숙한 내면의 평화로 이끌어 준다.

의식의 확장과 창조적 삶

의식의 확장은
어떻게 가능한가

"당신을 괴롭히는 생각은 외부가 아니라, 당신 안에 있는 믿음에서 비롯된다.
그것을 비추어 보는 것이 첫 번째 알아차림이다."

―라마나 마하르쉬―

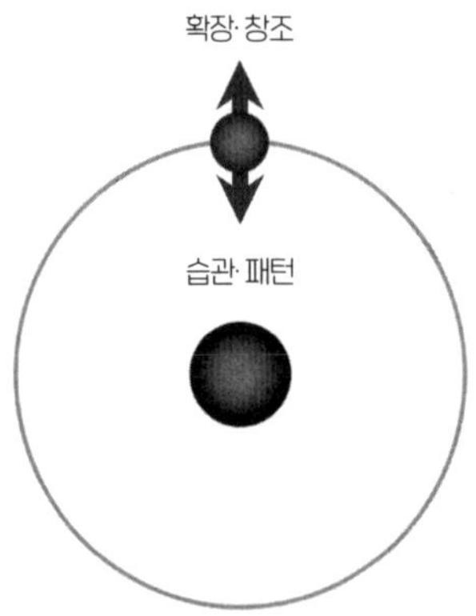

이 장에서는 의식의 확장을 이루는 원리에 대해 살펴볼 것이다.

위의 그림은 수소 원자를 표현한 것이다. 중심에는 양성자 하나로 이루어진 원자핵이 있고, 전자 하나가 일정한 궤도로 운동한다. 전자는 원자핵 쪽으로 끌려가거나 도약하는 방향 중 하나로 움직일 수 있다.

중심으로 끌어당기는 힘은 '습관'이나 '패턴'이라 할 수 있고, 낡은 궤도를 벗어나 도약하는 방향은 '확장'이나 '창조'라 부를 수 있다. 전자가 일정한 궤도를 유지하듯이, 우리의 삶도 일정한 궤도를 유지한다. 기존의 낡은 틀을 벗어나 도약하기 위해서는 에너지가 필요하다. 그럼, 어떻게 에너지를 얻을 수 있을까?

큰 컵과 작은 컵 두 개가 있다. 물론 큰 컵은 작은 컵에 비해 더 많은 에너지를 담을 수 있다. 이 컵의 크기를 결정짓는 재료가 바로 지식과 정보, 그리고 믿음과 신념이다.

건강한 정보와 믿음은 에너지를 보충해 주어 확장과 창조를 가능하게 하고, 반대로 왜곡된 정보와 제한적인 믿음은 에너지를 소진시켜 낮은 궤도로 떨어지게 한다. '나는 할 수 있어.'라는 믿음을 가진 사람과 '나는 안 될 거야.'라는 믿음을 가진 사람은 에너지 수준에서 차이를 보일 것이다. 의식의 확장은 바로 우리가 가진 지식, 정보, 믿음, 신념의 '질'을 향상시키는 데 있다.

> **※ 건강한 지식과 정보를 얻고 있는지 점검하기**
> - 지금 의식을 확장시켜 주는 좋은 정보를 접하고 있는가?
> - 올해 몇 권의 책을 읽었는가?
> - 현재 즐겨 보는 미디어는 내 의식을 넓혀 주고 있는가?
> - 지금 관계하고 있는 사람들은 나에게 어떤 정보를 주고 있는가?

우리의 의식을 제한하는 믿음과 신념은 알아차림이 필요하다. 그 것은 일상에서 경험하는 불편한 감정과 괴로움의 뿌리이기 때문이다. '난 착해야 해.' '나는 충분하지 않아.' '남들보다 더 성공해야 해.' '나는 안 돼.' 이러한 무의식적인 믿음은 의식의 확장을 가로막고, 에너지를 점점 소진시킨다. 다음은 일상에서 자주 나타나는 제한적 믿음과 그로 인해 유발되는 감정의 예시이다. 이 표를 통해 자신이 어떤 믿음을 가지고 있는지 스스로 점검해 보자.

이처럼 감정은 단순한 반응이 아니라, 내면에 자리한 믿음을 비추는 거울과 같다. 일상에서 불편함, 분노, 두려움, 불안과 같은 감정이 올라오면, '이 감정의 뿌리에는 어떤 믿음이 자리하고 있을까?'

잘못된 믿음	주로 나타나는 감정	예시
나는 항상 착해야 한다	억울함, 짜증, 분노	부탁을 거절하지 못했을 때 스스로를 희생한 느낌이 듦
남을 실망시키면 안 된다	불안, 죄책감	기대에 못 미쳤을 때 자신을 비난함
나는 완벽해야 한다	자책, 불안, 수치심	작은 실수에도 과도하게 반응
나는 남보다 더 성공해야 한다	경쟁심, 열등감, 질투	타인의 성과에 민감해지고 자기 비교가 심해짐
나는 부족한 사람이다	무기력, 위축감, 우울감	스스로를 불완전하게 인식함

라고 자신에게 물어보자. 예를 들어, 누군가의 부탁을 거절하지 못하고 들어주면서, 기쁨이 아니라 짜증이 올라온다면, '나는 착해야 한다.' 또는 '나는 남을 즐겁게 해야 한다.'와 같은 믿음이 있을 수 있다. 또한 '완벽해야 한다.'와 같은 믿음은 작은 실수에도 지나치게 자책하게 하기도 한다.

감정의 뿌리인 믿음을 알아차리는 것만으로도, 불편한 감정이 훨씬 가벼워진다. 그리고 믿음이 아닌 내면의 진짜 목소리를 따라 결정할 수 있다. 그 선택은 내가 가진 제한된 믿음을 넘어, 의식을 한층 더 확장시키는 문이 된다.

2

감정의 에너지
원심력과 구심력으로 바라본 의식의 확장

"당신의 마음 깊은 곳에서 조용히 끌어당기는 그 무엇,
진심으로 사랑하는 그것의 이끌림을 따르세요.
그 길은 당신을 결코 잘못된 곳으로 데려가지 않습니다."

−루미−

이번에는 구심력과 원심력의 원리를 통해, 감정 에너지를 활용하여 의식을 확장하는 방법에 대해 알아보자.

우리가 일정한 삶의 궤도를 유지할 수 있는 것은, 두 가지 상반된 힘이 균형을 이루고 있기 때문이다. 하나는 성장과 확장을 향해 나아가는 원심력, 또 하나는 수축과 정체에 머무르게 하는 구심력이다.

원심력은 익숙한 패턴에서 벗어나 우리의 잠재력을 키워 주고 새로운 경험을 가능하게 하는 힘이다. 목표, 꿈, 희망, 기쁨, 도전, 호기심, 열정, '무언가를 해 보고 싶은 마음' 등이 이에 해당된다.

반면 구심력은 기존의 패턴에 묶어 두어 성장을 가로막는 힘이다. 두려움, 고정관념, 부정적인 생각, 자기비판, 타인의 시선 등이 여기에 해당된다. 이 힘은 낯선 변화나 경험 앞에서 우리를 일시적으로 지켜 주는 역할을 하지만, 동시에 제자리에 머무르게 하며 새로운 가능성을 차단한다.

우리가 성장하고 확장하기 위해서는 내면에서 어떤 구심력과 원심력이 작용하는지 알아차릴 필요가 있다.
'내 꿈 또는 목표는 무엇인가?'
'어떤 경험을 하고 싶은가?'

‘무엇이 나를 기쁘고 행복하게 하는가?’

이러한 질문을 스스로에게 던져 보자. 꿈이나 목표가 없을 때는 삶이 무료해지고, 잡념이 많아지기 쉽다. 스탠퍼드 신경과학자 앤드류 후버만(Andrew D. Huberman) 박사에 따르면, 도전과 성취는 뇌를 자극해 도파민을 분비시키고, 신경의 가소성[*]을 촉진하며 자기효능감[**]을 높이는 데 기여한다. 우리의 뇌는 의미 있는 방향성을 끊임없이 찾도록 설계되어 있다는 뜻이다.

또한 우리의 성장을 가로막는 구심력 역시 알아차려야 한다.

‘두려움 때문에 어떤 도전을 미루고 있는가?’

‘어떤 고정관념이나 습관이 나를 지금의 틀에 머무르게 하는가?’

이러한 질문을 통해, 스스로 만든 감옥에서 빠져나와 성장과 확장을 향해 나아갈 수 있다.

우리의 몸뿐만 아니라 감정도 삶의 방향을 안내해 주는 나침반 역할을 한다.

기쁨은 나와 세계 사이의 경계를 허물며, 존재의 중심을 확장시키는 에너지이다.

설렘은 나의 패턴 밖으로 밀어내는 추진력이며, 새로운 의식의

---

[*] 경험이나 학습에 따라 뇌의 구조와 기능이 변화하는 능력.

[**] 특정 과제를 성공적으로 수행할 수 있다는 스스로의 믿음.

장으로 도약하게 한다.

경외감은 자아 중심의 인식을 넘어 '전체성'의 감각을 일깨워 준다.

감사는 존재를 열어 주고, 사랑과 연결을 회복하게 한다.

평화는 확장의 뿌리를 안정적으로 지탱해 주는 감정이다.

호기심은 진리 탐구의 시작점이며, 의식의 문을 열어 준다.

그리고 사랑은 모든 감정의 본질이자, 가장 근원적인 확장의 에너지이다.

이러한 감정들은 두려움이 지키고자 하는 '안전한 공간'을 넘어, 미지의 세계로 나아가도록 이끌어 주는 내면의 원동력이다. 감정은 삶의 방향을 밝혀 주는 등불이다.

마음의 원심력과 구심력

"성장으로 나아가는 힘 vs 익숙함에 머무르게 하는 힘,
내 안의 두 흐름을 알아차리기"

1. 원심력과 구심력 개념

구분	설명	삶 속 예시
원심력	나를 바깥으로 성장하게 만드는 힘	목표, 꿈, 희망, 기쁨, 도전, 사랑, 호기심, 열정
구심력	나를 안으로 수축시키고 멈추게 하는 힘	두려움, 부정적 감정, 자기비판, 고정관념, 남의 시선

2. 나의 원심력과 구심력 찾아보기

■ 요즘 나를 힘 나게 해 주거나, 해 보고 싶은 것이 있다면 적어 보세요.

❀ 나를 성장시키는 원심력(생각, 감정, 관계, 활동 등)

➡

➡

■ 자꾸 나를 움츠러들게 하거나 반복되는 방해 요소는 무엇인가요?

❀ 나를 제자리에 묶어 두는 구심력(회피 습관, 부정적 생각, 비교, 자기비판 등)

➡

➡

3. 알아차림과 선택의 힘

■ 나를 자주 멈추게 하는 구심력의 정체는 무엇인가요?

　예) 자주 드는 생각, 무의식적인 반응, 감정 패턴, 반복 습관 등

➡

■ 그 자리를 벗어나기 위해 내가 선택할 수 있는 새로운 방향은?

➡

■ 지금 할 수 있는 작은 실천 하나를 적어 보세요.

　예) 하고 싶은 활동을 하루 10분 해 보기, 오늘 잘한 일 한 가지 적어 보기

➡

4. 성장시키는 힘을 키우는 나만의 선언문 써 보기

■ 아래 예시처럼, 지금의 나에게 도움이 되는 말 한마디를 적어 보세요.

♥ "나는 실수해도 괜찮아."

♥ "두려움이 와도, 나아갈 수 있어."

♥ "남의 시선보다, 나의 진심이 더 중요해."

➡

　　　"오늘의 작은 선택이 내일의 큰 성장을 이끌어 줍니다."

의식을 확장하는
일상의 마음챙김

"알아차림은 더하는 일이 아니라 덜어내는 일이다.
당신 안의 고요함은 이미 거기에 있다."

–안토니 드 멜로–

감정이라는 문을 통해 우리는 내면 깊숙한 곳에 다가갈 수 있다. 그 과정에서 억눌려 있던 감정이 드러나고, 그 감정을 알아차리는 힘이 조금씩 우리의 의식을 넓혀 준다. 지금까지는 그 흐름을 살펴 보았다면, 이제는 그 흐름이 삶 속에서 어떻게 이어질 수 있는지, 즉 일상이라는 공간 안에서 의식이 어떻게 자라고 확장되는지를 살펴 보려 한다. 여기 소개하는 방법들은 특별한 기술이 아니라, 일상 속 에서 필자가 직접 실천해 온 단순하고도 효과적인 마음챙김의 방식 들이다.

몸의 감각 알아차리기

앞서 몸의 감각을 느끼는 것이 '지금 여기'라는 현존과 연결해 준다고 했다. 몸은 마치 마음의 고향처럼 작용한다. 언제든 마음이 몸 안에 있으면 고향에 온 듯 편안해진다. 불편한 느낌이 일어나면, 심호흡을 몇 번 한 후 몸의 감각에 집중해 보자. 생각이 너무 많아 몸에 집중하기 힘들 때는, 가벼운 운동이나 산책을 하는 것이 도움이 된다. 몸을 움직이는 것만으로도 마음이 다시 몸으로 돌아오게 된다.

몸은 마음의 거울이기도 하다. 몸의 긴장, 소화불량, 만성 피로, 통증 등은 마음의 상태를 반영하는 신호다. 이 신호를 알아차리고 삶을 돌아볼 수 있다면, 증상이 심화되는 것을 막을 수 있다.

우리가 먹는 음식 또한 몸, 마음, 에너지에 직접적인 영향을 미친다. 몸에 맞지 않는 음식을 먹었을 때 나타나는 속쓰림, 복통, 에너지 저하, 여드름, 짜증, 집중력 저하, 심장 두근거림 등의 증상은, 몸이 불편함을 알려 주는 방식이다. 장은 '제2의 뇌'로 불릴 정도로 감정과 밀접하게 연결되어 있다. 무거운 음식은 우울감, 가벼운 음식은 맑은 감정과 연결되기도 한다. 건강한 음식은 몸과 마음, 에너지의 조화를 돕는다.

생각 알아차리기

'오만가지 생각이 떠오른다'는 말처럼 우리는 하루에도 수많은 생각을 한다. 그중 대부분은 전날과 반복되는 내용이고, 절반 이상이 부정적인 생각이라는 연구 결과도 있다. 이는 생각이 습관적이고 무의식적으로 반복된다는 점을 보여 준다. 부정적인 생각은 부정적인 감정을 유발하고, 그것은 다시 부정적인 생각으로 이어진다. 이런 악순환을 끊기 위해서는 부정적인 생각이 떠오를 때, 그 순간을 알아차리는 것이 중요하다. 속으로 '내 자아가 생존을 위해 열심히 일하고 있구나.'라고 말해 주면, 생각과 거리감을 두는 데 도움이 된다.

또한 생각과 '나'를 동일시하지 않는 것이 중요하다. 부정적 생각을 만들어 내는 자아는 과거의 경험, 상처, 믿음으로부터 형성된 '기억자아'다. 기억자아는 과거의 결핍, 실패, 거절, 비난의 기억을 바탕으로 현재 상황을 자동적으로 해석하며 반응한다. 기억자아는 미숙한 아이처럼 다정히 보살펴 주어야 하는 존재다. 그 아이의 말을 '나'라고 착각하면 혼란과 자책에 빠지기 쉽다. 아이가 불평하거나 투정을 부릴 때는 '그래, 상처가 있구나. 이제 괜찮아.'라고 위로해 주자. 나의 본래 자리는 그 기억자아를 지켜보는 '배경자아'임을 잊지 말자.

욕구의 근원을 구분하는 알아차림 또한 중요하다. 우리가 지닌 욕구의 뿌리는 동물에서 비롯된 자아와 존재의 근원인 영혼으로 나눌 수 있다. 동물에서 기반한 욕구는 생존, 우월감, 비교, 성욕, 소유욕, 탐욕, 집착 등으로 나타난다. 반면 영혼의 욕구는 조건 없는 사랑, 삶의 의미와 목적, 성장과 깨어남, 내면의 평화와 자유 등으로 말할 수 있다. 동물에서 기반한 욕구가 올라올 때 그것을 '나'의 욕구로 여긴다면, '내가 아직 이것밖에 안 되는가.'라고 생각하며 자책에 빠지기 쉽다. 그런 욕구는 없앨 수 있는 것도, 없애야 할 것도 아니다. 단지 '유전적 정보에 각인된 반응이 올라오는구나.' 하고 알아차리고 흘려보내 주면 된다.

생각은 마음 정원에 뿌려지는 씨앗과도 같다. 어떤 생각을 품느냐에 따라, 그곳엔 향기로운 꽃이 피어나기도 하고, 잡초가 무성하게 자라나기도 한다. 마음의 정원을 무엇으로 가꿀지는 결국 우리가 어떤 생각을 선택하느냐에 달려 있다.

의식을 구성하는 정보 선택의 중요성

우리는 일상에서 수많은 정보를 접하며 살아간다. 뉴스, SNS, 유튜브, 넷플릭스 등 수많은 자극적인 정보들이 눈과 귀를 통해 마음속으로 흘러 들어온다. 요한 하리의 『도둑맞은 집중력(Stolen Focus)』에 따르면, 현대인의 집중력 저하의 원인은 소셜미디어와 알고리즘의 영향이라고 말한다. 책 제목이 말해 주듯이, 우리의 주의력은 일부 거대 기업들이 사용자의 체류시간을 늘리기 위해 의도적으로 알고리즘을 설계하여 도난당했다고 한다.

이러한 자극은 뇌의 도파민 중독으로 이어지고, 더 강한 자극이 아니면 만족하지 못하는 상태가 된다. 결국 더 자극적인 콘텐츠를 찾게 되는 악순환이 반복된다. 자극적인 정보에 노출되다 보면 뇌는 피로해지고, 마음은 공허해지는 것을 느낄 수 있다. 이는 그 행위가 유익하지 않다는 내면의 신호일 수 있다. 이 메시지에 귀를 기울여 보자.

우리가 좋은 정보를 접해야 하는 이유는, 그것이 의식의 재료가 되기 때문이다. 반복적으로 접하는 정보는 무의식에 자리 잡아, 사고와 행동에 영향을 미친다. 불편한 생각이나 감정을 자주 경험한다면, 평소 어떤 정보를 접하고 있는지 점검해 보아야 한다. 생각과 감정의 질은 접하는 정보의 질과 깊이 연결되어 있다.

인간관계 또한 우리가 정보를 접하는 중요한 통로다. 부정적인 말을 습관적으로 하는 사람과 함께 있으면, 나도 모르게 부정적으로 변한다. 나의 내면을 맑게 하고 확장하도록 도와주는 사람, 혹은 내가 그렇게 도와줄 수 있는 사람과 함께하는 시간만큼 의미 있는 시간은 없다.

우리가 접하는 정보는 곧 내면의 양식이다. 어떤 정보를 받아들이며 사는가는, 어떤 음식을 먹는지만큼이나 삶의 질에 영향을 준다. 이는 결국, 우리가 어떤 존재로 살아갈지를 결정하는 중요한 선택이다.

성장과 확장을 위한 확언

확언이란 긍정적인 문장이나 말을 반복함으로써, 생각과 믿음, 태도를 변화시키고, 긍정적인 에너지를 불러일으키는 실천법이다. 확언은 영혼의 메시지와 닿아 있을 때 더 큰 울림을 주며, 자아의 경계를 넘어 곧장 존재의 중심과 연결된다. 이로 인해 마음가짐이 전환되고, 내면의 잠재력이 깨어나며, 삶의 질이 서서히 달라질 수 있다.

2024년 파리 하계 올림픽에서 대한민국 양궁 대표팀은 5개 전 종목에서 금메달을 석권했다. 김주환 교수의 책 『내면소통 명상수업』에 따르면, 그는 약 3개월간 선수촌에서 양궁 대표팀을 대상으로 확언 훈련을 진행했다고 한다. 이 훈련은 역사상 최초로 전 종목 금메달이라는 성과로 이어졌다.

다음은 긍정적 사고, 영적 성장, 내면과의 연결, 치유 등에 도움을 줄 수 있는 확언들이다. 내면과 공명하는 문장을 몇 개 골라, 명상 전이나 잠들기 전, 또는 일상 속에서 반복해 보자. 호흡과 함께 읊거나, 종이에 손으로 써 보는 것도 효과적이다. 확언을 인쇄해 눈에 잘 띄는 곳에 붙여 두면, 습관적으로 보게 되어 도움이 된다.

지금은 내면과 공명하는 확언도 시간이 흐르면서 더 이상 와닿지 않을 수 있다. 이는 의식이 한층 확장되었음을 보여 주는 하나의 지표일 수 있다. 그럴 때는 현재의 나와 더 잘 맞는 새로운 확언을 찾아 실천해 보자. 확언을 꾸준히 실천하며 에너지를 확장하고, 자신이 바라는 모습으로 한 걸음씩 나아가기를 바란다.

자기 수용과 사랑

"나는 본래 모습 그대로 완전합니다."
"나는 나의 온전함을 회복해 가는 중입니다."
"나는 있는 그대로 충분하고, 소중한 존재입니다."
"나는 나 자신을 사랑하며, 있는 그대로 받아들입니다."
"나는 조건 없이 나를 사랑하며, 두려움 없이 나아갑니다."

내면 치유

"나는 사랑과 빛으로 가득 차 있습니다."
"나는 과거의 상처를 치유하고, 자유로워집니다."
"나는 마음의 집착을 내려놓고, 삶의 흐름에 자신을 맡깁니다."
"나의 몸과 마음은 점점 더 균형과 평화로 회복되고 있습니다."

"나는 나의 모든 감정을 온전히 받아들이고, 따뜻하게 안아 줍니다."

삶에 대한 신뢰와 확장

"나는 평화롭고 자유로운 존재입니다."

"나의 삶은 의미와 가능성으로 가득합니다."

"나의 모든 환경은 성장을 위한 최적의 조건입니다."

"모든 경험은 나를 더 깊은 나 자신으로 이끌고 있습니다."

"내 영혼은 언제나 나와 함께하며, 성장을 위한 가장 좋은 길로
인도합니다."

4

명상의 완성, 두 날개
알아차림과 내맡김

"알아차림이란 강의 흐름을 거슬러 오르는 것과 같다.
고된 노력 끝에 비로소 물의 근원을 발견하게 된다."

−어느 선사(禪師)의 말−

한 알의 씨앗에서 우주에 이르는 모든 의식은 성장과 확장의 열망을 지니고 있다. 그것은 기존의 틀을 깨는 것을 의미하며, 속박에서 벗어나려는 자유를 뜻한다. 우리의 본성 또한 늘 자유에 대한 갈망을 추구한다. 경제적 자유를 위해 열심히 일을 하고, 타인의 시선으로부터, 과거의 상처로부터, 또는 미래의 불안으로부터 자유롭고 싶어 한다. 그리고 궁극적으로 '나', 즉 자아로부터의 자유를 갈망한다. 미국의 심리학자 에이브러햄 매슬로(Abraham Maslow)는 욕구 위계 이론에서 인간의 욕구를 여섯 단계로 구분하였다.

1. 생리적 욕구: 생존을 위한 기본적인 욕구

2. 안전 욕구: 신체적 안전, 건강, 직업, 재정적 안정, 질서와 법 등

3. 사회적 욕구, 소속과 사랑의 욕구: 가족, 지인 등과의 친밀한
   관계, 공동체에 속하고 싶은 욕구

4. 존경 욕구: 타인에게 존중받고 싶은 욕구

5. 자아실현 욕구: 자신의 잠재력 실현, 창조성, 진정한 자기로
   살아가려는 욕구

6. 자아초월 욕구: 자기 자신을 넘어서 더 큰 존재, 공동체, 우주
   적 질서와 연결되고자 하는 욕구

마지막 '자아초월 욕구'는 메슬로가 생애 후반에 제안한 단계로, 영적 체험, 이타심, 무조건적인 사랑, 봉사, 우주적 통합감 등과 연결된다고 설명한다. 우리가 명상이나 마음챙김을 실천하고, 일상에서 알아차림을 하려는 것도 바로 그 '자아초월 욕구'에 대한 깊은 갈망 때문일 것이다. 그 여정 속에서 우리는 두 갈래 길과 마주하게 된다. 하나는 알아차림의 길, 다른 하나는 내맡김의 길이다.

알아차림의 길

알아차림의 개념은 이미 여러 차례 살펴보았지만, 여기서는 이렇게 정의해 보자. 바로 '본래 내가 아닌 것'을 알아차리는 것이다. 내

안에서 실체가 아닌 것을 덜어 내다 보면, 오직 진짜 나, 실체만이 남게 된다. 글 도입에 인용한 어느 선사의 글처럼, 알아차림은 "강의 흐름을 거슬러 오르는 길"이다. 그 끝에서 우리는 물의 근원, 즉 나의 근원인 배경자아와 만나게 된다.

감정이라는 강의 흐름을 거슬러 올라가다 보면, 우리는 다층적인 구조 속에서 다양한 감정의 근원을 만나게 된다. 가장 바깥층에는 신체적 차원이 있다. 뇌와 호르몬, 신경계의 작용이 몸과 연결되어 긴장과 이완, 불편함과 편안함 같은 감정으로 드러난다.

몸의 감정 이면에는 심리적 차원이 있다. 과거의 기억과 상처, 해결되지 않은 욕구, 성격 등이 감정을 유발한다. 같은 상황에서도 사람마다 다르게 반응하는 이유는, 각자가 지닌 심리적 차원이 다르기 때문이다. 이러한 개인의 심리적 차원은 사회적 차원에서 많은 영향을 받는다. 화목한 가정에서 태어난 아이와 불행한 가정에서 태어난 아이는 삶을 통틀어 경험하는 감정의 질도 매우 다를 것이다. 또한 대한민국에서 태어난 아이와 아프리카 원주민 부족에서 태어난 아이가 경험하는 감정 또한 크게 다를 것이다.

더 깊은 곳에는 집단무의식의 차원이 있다. 개인을 넘어 세대와 인류 전체가 공유해 온 무의식적 흔적이 감정의 흐름에 숨어 있다. 우리의 '빨리빨리 문화'는 이러한 집단무의식에서 비롯되었다. 이것은 빠른 산업화의 성장 과정과 이전 세대가 경험한 일제 침략, 전쟁, 분단, 가난 등의 경험이 세대를 이어 내려오면서 형성되었다고 볼 수 있다.

이 모든 차원을 넘어야 비로소 배경자아 즉, 영혼이 드러난다. 알아차림은 다층적 구조의 다양한 감정의 근원의 속박에서 벗어나 본래의 자유의지를 회복하는 길이다. 우리의 중심에서 고요한 빛을 내는 이 차원은 감정의 근원이다.

알아차림은 바로 이 영혼의 빛을 가리고 있는 다층적 구조를 인식하는 일이다. 앞에서 제시한 알아차림 수행을 이어 가다 보면, 처음에는 크고 뚜렷한 장애물들이 먼저 드러날 것이다. 그것들은 눈에 잘 띄기 때문이다. 수행이 깊어질수록 그 장애물은 점점 더 미세해지고, 마침내 눈에 잘 띄지 않는 아주 미세한 감각과 반응까지도 포착할 수 있게 된다. 이 알아차림의 길에는 끝이 없다.

이렇게 본래 내가 아닌 것을 하나둘 알아차리며 제거해 나가면, 그 틈새로 영혼의 빛이 서서히 새어 나온다. 우리의 마음은 차분해지기 시작하고, 화가 덜 일어나며, 타인에 대한 관용의 마음이 싹튼다. 장애물이 줄어들수록, 더 많은 영혼의 빛이 새어 나온다. 우리는 더 자주 기쁨, 무조건적 사랑, 평화, 자유, 풍요로움, 이타심과 같은 감정을 경험하게 된다.

모든 감정적 흔들림은 무의식이 표면으로 드러나는 현상이며, 동시에 우리의 중심으로 안내하는 내면의 목소리다. 이 알아차림의 여정은 나의 무의식 정화뿐만 아니라 가족과 사회, 나아가 지구에 축적된 인류의 무의식까지 정화할 수 있는 길이기도 하다.

내맡김의 길

우리는 삶을 무의식적으로 통제하려 하고, 그것에 저항하는 습관을 지니고 있다. 타인의 말과 행동을 지나치게 해석하거나 조정하려 하고, 갑작스러운 변화에 크게 스트레스를 받기도 하며, 상처받지 않으려 관계를 피하거나 먼저 끊기도 한다. 이렇게 삶을 통제하려는 이유는, 예측할 수 없는 현실 속에서 '나'를 지키려는 자아의 방어적 본능이 작동하기 때문이다. 그러나 이러한 통제는 때로는 뜻대로 되지 않는 상황 속에서 오히려 더 큰 긴장과 고통을 초래하기도 한다.

　의식의 확장과 자유를 향해 가는 우리의 여정에서, 자아의 생존 본능과 두려움에 기반한 통제 욕구는 어느 순간 직면하고 넘어야 할 내면의 전환점이 된다. 그것은 바로 '내맡김'이다. 내맡김은 삶을 있는 그대로 받아들이고, 지금 이 순간에 머물며, 자신이 통제할 수 없는 것을 놓아주는 태도다. 이것은 삶이라는 거대한 강의 흐름에 자신을 맡기는 것과 같다. '바다가 아닌 다른 곳으로 흘러가면 어쩌지?'라는 의심을 내려놓고, 강물이 바다를 향해 자연스럽게 흘러가듯, 삶을 믿고 따르는 연습이다.

　일상 속에서 내맡김은 다양한 상황에 적용할 수 있다. 계획대로 삶이 흘러가지 않을 때, 불안, 두려움 등의 감정이 올라온다. '이 상황에는 어떤 다른 의미가 있을지도 몰라.'라고 생각하며, 미지의 것에 마음의 문을 열어 본다. 분노, 슬픔과 같은 감정이 올라오더라도, 감정의 흐름을 막지 않고 그저 흘러가도록 허용한다. 에크하르트 톨레는『지금 이 순간을 살아라』에서 "고통은 현재 순간에 대한 저항에서 생겨난다."라고 했다. 내맡김은 삶의 흐름에 대한 저항을 내려놓음으로써 삶과 하나 되려는 실천이다. 통제 욕구를 내려놓으면 몸과 마음의 긴장이 이완되며, 고요한 마음을 찾을 수 있다. 또한 타인을 조정하고 통제하는 대신, 있는 그대로 받아들이면 관계에서도 자연스러운 조화가 이루어진다.

달이 태양빛을 모두 담아낼 수 없듯, 생존 본능에 뿌리를 둔 자아는 영혼의 크고 깊은 계획을 이해할 수 없다. 삶이 원하는 방향대로 가지 않는 것은, 자아가 이해하지 못하는 영혼의 더 큰 뜻이 존재함을 신뢰하는 일이다. 우주는 우리가 원하는 것이 아니라, 우리가 성장하는 데 필요한 것을 준다는 사실을 이해할 때, 내맡김이 시작된다.

5

내면의 자유:
있는 그대로의 나를 허용하는 삶

"진정한 자유는 스스로를 있는 그대로
사랑할 때 찾아온다."

−틱낫한 스님−

우리는 완전함과 자유를 추구하며, 부족한 부분을 계발하고 더 큰 자유를 누리고 싶어 한다. 그렇다면, '완전한 상태'란 과연 무엇일까? 여기 씨앗, 갓 발아한 떡잎, 어린나무, 큰 나무가 있다. 어떤 상태가 가장 완전하다고 할 수 있을까?

사실 가장 완전한 상태란 따로 있는 것이 아니라, 각각의 과정이 그 순간 그대로 완전한 상태다. 모든 과정은 다음을 위한 준비이며, 그 안에 성장의 가능성을 온전히 품고 있다. 우리가 완전함을 통해 얻고자 하는 자유 또한 외부로부터 주어지는 것이 아니다. 그것은 부족한 모습일지라도, '있는 그대로의 나'를 얼마나 받아들일 수 있는가에 달려 있다.

우리는 종종 자신의 싫은 모습을 거부하며, 행복을 미래의 어딘가로 미루고, 현재는 미래의 행복을 위한 수단으로만 여기는 경향이 있다.

'이런 감정은 느끼면 안 돼.'

'왜 이것밖에 못 하지.'

'아기가 자라 육아에서 벗어나면 행복할 거야.'

'대출을 다 갚으면 더 행복할 거야.'

이처럼 내 안의 자아를 부정하며, 언젠가 올 행복을 위해 오늘을 희생하며 살아간다. 그러나 가만히 돌아보면, 지금의 내 모습은 과거에 그토록 바라던 순간일지도 모른다. 마음은 늘 현재에 머물기보다 미래로 달려가는 경향이 있다. 사실 마음은 '지금'을 잘 알지 못한다. 그것의 목적은 우리의 생존과 안전을 도모하는 것이기에, 늘 미래를 계획하고 준비하려 한다.

우리가 내면의 자유를 회복하는 방법은, 그런 부족한 나를 바꾸려는 것이 아니라, 부족한 모습일지라도 '있는 그대로의 나'를 허용하고 품어 주는 것이다. 연약해 보이는 아기의 모습 안에 성인이 될 모든 가능성이 담겨 있듯이, 우리 내면에도 이미 완전함의 씨앗을 품고 있다.

자아의 관점에서는 많은 것이 부족해 보일 수 있다. 그러나 영혼의 관점에서 보면 우리는 그 자체로 온전하며, 고쳐야 할 것은 아무것도 없다. 고쳐야 할 부분조차도 영혼의 필요에 의해 존재하는 것이다. 그것이 왜 필요한지를 알아 가는 과정이 곧 명상과 알아차림이다.

'있는 그대로의 나'를 허용하는 삶은, 어떤 감정이 떠오르든, 어떤 모습이 드러나든, 그것이 나의 일부임을 인정하고 받아들이는 것이다. 이러한 수용은 저항에서 벗어나, 더 강한 회복력과 자유를 가져온다.

있는 그대로의 나를 받아들일 수 있을 때, 타인 또한 있는 그대로 받아들일 수 있다. 자기 수용은 곧 타인 수용으로 확장되며, 그 안에서 우리는 서로를 판단하거나 조정하려 하지 않고, 더 깊은 연결과 공감을 경험하게 된다.

어떠한 상황에서도 우리에게는 선택이 주어진다. 그것은 저항할 것인가, 허용할 것인가이다. 진정한 내면의 자유는 삶의 파도에 맞서 싸우는 것이 아니라, 그 물결과 하나 되어 함께 흐르는 것이다.

6

감정, 내면과 성장의
영원한 안내자

"감정은 정보를 전달하는 메신저입니다.
영적 성장은 그 정보를 받아들이고 활용하는 데 달려 있습니다."

−게리 주카브−

유대교 랍비이자 정신과 의사인 아브라함 트워스키는 바닷가재의 탈피 과정을 통해 불편함이 곧 성장의 신호임을 비유적으로 설명했다. 바닷가재는 단단한 껍질 속에 부드러운 몸을 지닌 생물인데, 몸이 자라 껍질이 맞지 않게 되면 답답함을 느낀다. 그 불편함이 탈피의 신호가 되어, 조용한 바위 밑에 들어가 스스로 껍질을 벗는다. 그렇게 새로운 껍질로 갈아입으며, 조금씩 성장해 간다. 트워스키는 이렇게 말한다.

스트레스는 성장의 신호다. 불편하지 않다면 우리는 결코 변하려 하지 않는다.

우리 안에 일어나는 불편함도 이와 다르지 않다. 그것은 피해야 할 문제가 아니라, 더 넓은 나로 나아가라는 내면의 메시지일지 모른다. 살다 보면 넘을 수 없을 것 같은 풍랑을 만나기도 하고, 어디로 가야 할지 알 수 없는 터널 속에 갇힌 듯한 순간이 찾아오기도 한다. 그럴 때마다 아주 불편하고, 대면하기조차 싫은 감정이란 손님이 찾아와 삶의 짐을 더욱 무겁게 누르기도 한다. 그러나 그러한 시간들을 견뎌 내며 내면의 중심을 향해 가는 지금, 그 모든 감정적 불편함은 더 큰 '나'로 나아가기 위한 탈피의 과정이었음을 깨닫는다.

벗어야 할 것이 많을수록 고통도 커지지만, 고통이 없는 삶은 성장도 없는 삶이라 할 수 있다. 지금 삶이 괴롭다면, 내면에 귀를 기울여 내가 무엇을 벗어 내야 하는지 알아차려 보자. 혹시 본래 내가 아닌 무언가를 붙잡고 있는 것은 아닌지, 벗어야 할 오래된 껍질을 아직도 움켜쥐고 있는 것은 아닌지 살펴볼 필요가 있다.

무엇을 벗어야 하는지 잘 모를 수도 있다. 그럴 땐, 바닷가재가 탈피 전에 바위 밑으로 숨어들 듯, 자신만의 시간을 가지며 고통이 주는 메시지에 조용히 귀 기울여 보자. 시간이 지나고 때가 되면, 벗어야 할 껍질의 경계가 자연스럽게 드러나게 될 것이다.

우리의 성장과 확장은 바로 감정을 통해 이루어진다. 일상에서 마주하는 긍정적인 감정이든, 부정적인 감정이든, 그 감정이 전하는 신호에 귀를 기울이는 연습을 해 보자. 감정은 우리가 길을 잃지 않도록 안내하는, '영혼의 언어'다. 그 속삭임에 귀를 기울일 때, 우리는 조금씩 내면의 중심으로 되돌아오게 된다.

| 5장 핵심 요약 |

1. 의식의 확장은 낡은 믿음을 벗고 새로운 시야를 받아들이는 데서 시작된다.

- 우리가 어떤 정보를 접하고, 어떤 관점을 믿느냐에 따라 삶의 질과 방향이 달라진다.
- 좋은 정보와 건강한 신념은 에너지를 북돋고, 낡은 틀에서 벗어나도록 돕는다.

2. 감정은 삶의 방향성을 제시하는 에너지로, 확장과 수축의 흐름을 만들어 낸다.

- 기쁨, 설렘, 감사, 사랑은 의식을 확장시키는 원심력으로 작용하며, 두려움과 고정관념은 구심력이 되어 성장을 막는다.
- 내면의 감정 흐름을 알아차리는 것이 곧 의식을 성장으로 이끄는 길이다.

3. 일상의 자각은 무의식을 변화시키는 열쇠다.

- 몸의 감각, 떠오르는 생각, 먹는 음식, 접하는 정보 하나하나가 의식의 질을 결정한다.
- 마음의 정원을 어떻게 가꾸느냐는 지금 내가 선택하는 '생각의

씨앗'에 달려 있다.

4. 의식의 여정은 알아차림과 내맡김, 두 날개로 균형을 이루며 완성된다.

- 알아차림은 내면의 장애물을 비추어 본래의 빛을 드러내는 과정이고, 내맡김은 삶의 흐름에 저항하지 않고 자신을 온전히 맡기는 태도다.
- 이 두 태도가 함께할 때, 우리는 자아의 경계를 넘어 자유와 평화의 자리에 이르게 된다.

5. 내면의 자유는 부족한 자신을 있는 그대로 받아들이는 데서 시작된다.

- 완전함이 아니라 불완전함을 받아들이는 데서 자유는 시작된다.
- 나를 있는 그대로 품을 수 있을 때, 타인도 자연스럽게 수용할 수 있는 힘이 생겨난다.

6. 감정은 불편함을 통해 우리를 성장으로 이끄는 내면의 나침반이다.

- '바닷가재 탈각'처럼, 불편함은 더 큰 '나'로 가라는 신호이다.
- 감정에 귀 기울이며 오래된 껍질을 벗길 때, 우리는 중심으로 돌아온다.

에필로그: 물방울의 여정

한 방울의 물방울이 깊은 산속에 떨어졌다.

정신을 차렸을 때, 물방울은 자신이 왜 그곳에 있는지 알 수 없었다.

세상에서 외톨이가 된 듯한 느낌 때문에 외로웠고,

어디로 가야 할지 몰라 두려움과 불안 속에서 삶을 이어 갔다.

그러나 기억 저편에 남아 있는 아련한 어떤 느낌.

그것은 자신의 근원이 '바다'라는 것,

그리고 바다와 하나였을 때 느꼈던

일체성과 온전함, 무한한 사랑의 기억이었다.

그렇게, 아련한 기억을 따라 바다로 가는 여정이 시작되었다.

때론 잘못된 길로 접어들기도 했고,

때론 주위의 유혹에 빠지기도 했다.

오랜 방황 끝에 물방울은

세상의 소리가 아닌,

자신 안의 목소리를 따라가야 한다는 것을 깨달았다.

그리고 어느 날,

내면의 목소리는 이렇게 속삭였다.

'도중에 웅덩이나 폭포를 만나더라도, 그냥 흐름에 맡겨.

지나가는 풍경을 보며 노래하고 춤을 춰 봐.

바다로 가는 길에서 결코 벗어날 수 없을 거야.

너희 모두는 마침내 바다와 하나가 될 거야!'

1. 가보 마테, 『몸이 아니라고 말할 때』, 류경희 옮김, 김영사, 2015.

2. 그렉 브레이든, 『잃어버린 기도의 비밀』, 황소연 옮김, 김영사, 2021.

3. 김상욱, 『김상욱의 양자 공부』, 사이언스북스, 2017.

4. 김주환, 『내면소통』, 인플루엔셜, 2023.

5. _____, 『내면소통 명상수업』, 인플루엔셜, 2025.

6. 대니얼 골먼, 리처드 J. 데이비드슨, 『명상하는 뇌』, 김완두, 김은미 옮김, 김영사, 2022.

7. 대니얼 골먼, 『EQ 감성지능』, 한창호 옮김, 웅진지식하우스, 2008.

8. 대니얼 J. 시겔, 『알아차림』, 윤승서 · 이지안 옮김, 불광출판사, 2020.

9. 로버트 M. 새폴스키, 『행동』, 김명남 옮김, 문학동네, 2023.

10. 마이클 거숀, 『제2의 뇌』, 김홍표 옮김, 지만지, 2013.

11. 마이클 브라운, 『현존 수업』, 이재석 옮김, 정신세계사, 2013.

12. 미하이 칙센트미하이, 『몰입, FLOW』, 최인수 옮김, 한울림, 2004.

13. 박웅현, 『여덟 단어』, 북하우스, 2013.

14. 베셀 반 데어 콜크, 『몸은 기억한다』, 제효영 옮김, 을유문화사, 2016.

15. 브렌 브라운, 『불완전함의 선물』, 장세현 옮김, 청하, 2011.

16. 브로니 웨어, 『내가 원하는 삶을 살았더라면』, 유윤한 옮김, 피플트리, 2013.

17. 브루스 H. 립턴, 『당신의 주인은 DNA가 아니다』, 이창희 옮김, 두레,

2011.

18. 빅터 프랭클, 『죽음의 수용소에서』, 이시형 옮김, 청아출판사, 2007.

19. 샤론 살스버그, 『붓다의 러브레터』, 김성재 옮김, 정신세계사, 2005.

20. 에이브러햄 매슬로, 『동기와 성격』, 오혜경 옮김, 연암서가, 2021.

21. 앨버트 엘리스 · 캐서린 맥라렌, 『합리적 정서행동치료』, 서수균 · 김윤희 옮김, 학지사, 2007.

22. 에드거 케이시, 『나는 잠자는 예언자』, 신선해 옮김, 사과나무, 2011.

23. 에크하르트 톨레, 『삶으로 다시 떠오르기』, 류시화 옮김, 연금술사, 2013.

24. __________, 『지금 이 순간을 살아라』, 노혜숙 · 유영일 옮김, 양문출판사, 2008.

25. 요한 하리, 『도둑맞은 집중력』, 김하현 옮김, 어크로스, 2023.

26. 이시형, 『세로토닌하라!』, 중앙북스, 2010.

27. 조 디스펜자, 『당신이 플라시보다』, 추미란 옮김, 샨티, 2016.

28. 조안 할리팩스, 『죽음을 명상하다』, 이성동 외 옮김, 민족사, 2019.

29. 존 브래드쇼, 『상처받은 내면아이 치유』, 오제은 옮김, 학지사, 2004.

30. 존 카밧진, 『마음챙김 명상과 자기치유(상 · 하)』, 김교헌 외 옮김, 학지사, 2017.

31. 존 티즈데일, 마크 윌리엄스, 진델 시걸, 『8주 마음챙김(MBCT) 워크북』, 안희영 옮김, 불광출판사, 2017.

32. 질 볼트 테일러, 『나는 내가 죽었다고 생각했습니다』, 장호연 옮김, 월북, 2019.

33. 칼 구스타프 융 외, 『인간과 상징』, 이윤기 옮김, 열린책들, 2009.

34. ____________, 『원형과 무의식』, 한국융연구원 C.G 융 저작번역위
원회 옮김, 솔, 2002.

35. 타라 브랙, 『받아들임』, 김선주 · 김정호 옮김, 불광출판사, 2012.

36. 틱낫한, 『삶의 지혜』, 정윤희 옮김, 성안당, 2018.

37. 프리드리히 니체, 『차라투스트라는 이렇게 말했다』, 장희창 옮김, 민음
사, 2004.

38. 프리초프 카프라, 『현대 물리학과 동양사상』, 이성범 · 김용정 옮김, 범
양사, 2010.

39. 피터 A. 레빈, 『트라우마와 기억』, 권승희 옮김, 학지사, 2019.

40. 해리엇 러너, 『무엇이 여자를 분노하게 만드는가』, 이명선 옮김, 부키,
2018.

41. 허버트 벤슨, 『이완반응』, 양병찬 옮김, 페이퍼로드, 2020.

42. T.S. 엘리엇, 『사중주 네 편』, 윤혜준 옮김, 문학과지성사, 2019.

43. Antonio Damasio, 『Descartes' Error: Emotion, Reason, and the
Human Brain』, Penguin Books, 2005.

44. A. D. Craig, "How do you feel—now? The anterior insula and
human awareness", Nature Reviews Neuroscience, 2009.

45. Abraham J. Twerski, "Rabbi Abraham Twerski on Responding
to Stress", Aish.com, 2018.

46. Andrew D. Huberman, "How to Increase Motivation & Drive",
Huberman Lab Podcast, 2021.

47. Daniel J. Siegel, 『The Mindful Brain』, W. W. Norton & Company, 2007.

48. David Bohm, 『Wholeness and the Implicate Order』, Routledge, 2005.

49. G. R. Fox et al, "Neural correlates of gratitude", Frontiers in Psychology, 2015.

50. Harvard Health Publishing, "Struggling with emotional eating?", Harvard Medical School, n.d.

51. John Firman, Ann Gila, 『The Primal Wound』, State University of New York Press, 1997.

52. Joseph LeDoux, 『The Emotional Brain』, Simon & Schuster, 1996.

53. Jessica R. Andrews—Hanna et al, "The default network and self—generated thought…", Annals of the New York Academy of Sciences, 2014.

54. John T. Cacioppo, Gary G. Berntson, "Relationship between attitudes and evaluative space…", Psychological Bulletin, 1994.

55. Lauri Nummenmaa et al, "Bodily Maps of Emotions", Proceedings of the National Academy of Sciences, 2014.

56. Marcus E. Raichle, 『The Brain's Default Mode Network』, Annual Review of Neuroscience, 2015.

57. Richard P. Brown · Patricia L. Gerbarg, 『The Healing Power of the Breath』, Shambhala Publications, 2012.

58. Robert Plomin, 『Blueprint: How DNA Makes Us Who We Are』, The MIT Press, 2018.

59. S. B. Algoe, B. M. Way, "Evidence for a role of the oxytocin system, indexed by genetic variation in CD38, in the social bonding effects of expressed gratitude", Social Cognitive and Affective Neuroscience, 2014.

60. WHO, 『Preventing Chronic Diseases: A Vital Investment』. World Health Organization, 2005.

감정의 파도를 넘어 내면을 확장하는 실천 명상

오늘도, 마음챙김

초판 1쇄 인쇄일 2025년 12월 15일
초판 1쇄 발행일 2026년 01월 15일

지은이 무화 이응욱
펴낸이 양옥매
디자인 표지혜
마케팅 송용호
교　정 정혜성

펴낸곳 도서출판 책과나무
출판등록 제2012-000376
주소 서울특별시 마포구 방울내로 79 이노빌딩 302호
대표전화 02.372.1537　**팩스** 02.372.1538
이메일 booknamu2007@naver.com
홈페이지 www.booknamu.com
ISBN 979-11-6752-717-2 (03180)